ちくま新書

縄文とケルト

——辺境の比較考古学

松木武彦
Matsugi takehiko

1255

縄文とケルト——辺境の比較考古学【目次】

本書に関連する日本の遺跡

本書に関連するイギリスの遺跡

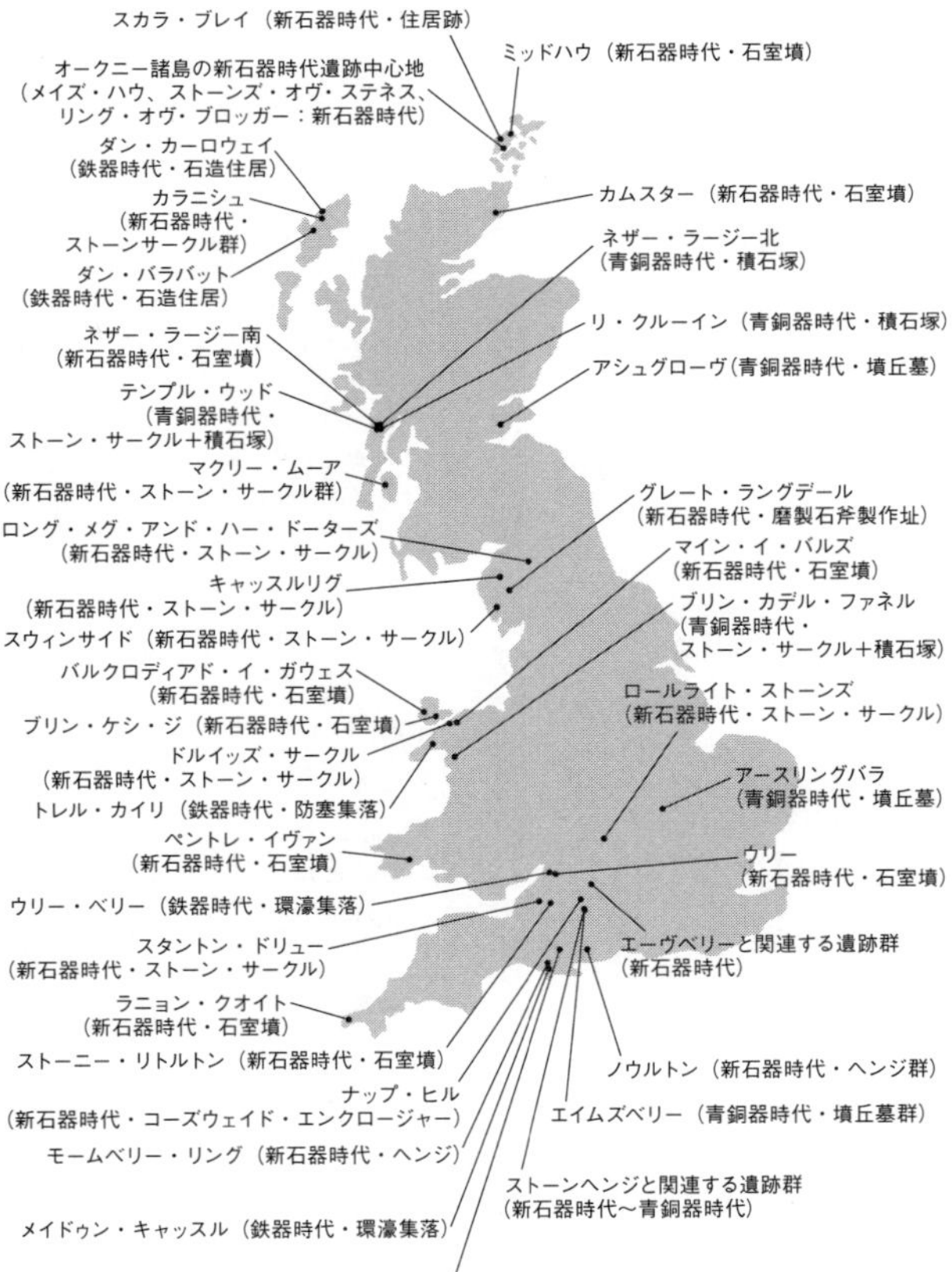

はじめに

いつだったか、知り合った日本在住のイギリス人が、「イギリスと日本は歴史的雰囲気がとてもよく似ている」と語った。重ねて聞くと、「二つとも大陸からちょっと離れた島国で、王室（皇室）も残っているからね」と続ける。

確かにそうである。島国であることと王室が生きながらえていることとの間に因果関係があるのかどうかは定かでないが、歴史の歩みに影響を及ぼした地理条件が共通することは確かだろう。結果は天地に分かれてしまったが、島国でありながら大陸や海洋に進出を企てた近代の経緯にも重なるところがある。恣意的かつ感覚的な言いようになるかもしれないが、両国の文化とも、伝統へのこだわりを重んじたパターンに傾きがちであることも、よく似ているように思う。

こうした印象や認識は、その後イギリスに一年ほど暮らしてみたのちも変わらなかった。むしろそれらが強まったのは、ひまさえあればレンタカーを駆って遺跡を見まくる時間を重ねてからである。形やデザインが驚くほどよく似た遺跡が、はるかに隔たった両地域にある。なぜなのか。時間と労力を費やすに足る謎解きだ。そう思ったことが、本書を執筆する端緒となった。

たとえば、日本古代の都城である平城京や平安京が中国・唐の長安城によく似ているのは、形やデザインがそこから伝わってきたからである。だが、イギリスと日本の先史時代に、そのような直接の文化伝播はない。同じホモ・サピエンスという種、いわば同じ機種のコンピューターにたとえられる共通性が、同じ反応、すなわち同じ形やデザインの遺跡を創案することにつながったのだろうか。あるいは、歴史上の同じ環境において同じ必要性にかられたとき、技術段階も同じならばよく似た遺跡が残されるのだろうか。

このような遺跡の形や、それを残した社会の姿を隔たった地域どうしで比べてみて、両者の共通点と相違点とをあぶり出し、相互の歴史的特性を明らかにする営みを「比較考古学」という。その実践の一つとして、冒頭に述べた日本とイギリス、つまりユーラシア大陸の東西両端で相似の位置を占める二地域の歴史の歩みがみせた共通性を明らかにすることを、本書の第一の目的としたい。サブタイトルにある「比較考古学」とはそういうゆえんである。

そこから派生する第二の目的は、両地域の先史時代を、現代のそれぞれの国民が語るときに好む二つの概念である「ケルト」と「縄文」の正体を、相互に比較しながらはっきりとさせることである。縄文は、近年では列島「文明」のルーツなどともてはやされ、現代日本の歴史的アイデンティティの生成にとって大きな役割を与えられている。いっぽう、ケルトもまたよく似た扱いを受けてはいるが、縄文と異なって、イギリス一国ではなく、ヨーロッパ全体の歴史的アイデンティティ形成に利用されてきた。ケルトと縄文のこのような差異がなぜ生じたのかという問題のなかには、イギリスと日本の両地域がたどった歴史の相違点が潜んでいるにちがいない。それを浮き彫りにすることによって両地域の歴史の個性に光を当てることができるようになるだろう。本書のタイトル『縄文とケルト』には、そのような意味が盛り込まれている。

第三の目的は、遺跡をめぐる「旅」。両地域を広く旅して、ケルトや縄文、あるいはその前後の人びとがそれぞれに残した遺跡の魅力を味わうことである。縄文の遺跡については、これまでに多くの良書も出ているだろうが、イギリスの先史時代については、歴史的知見によるハンディな案内書がほとんどなかったように思う。本書を手にして、イギリスの遺跡巡りに出発される方が一人でもいらっしゃれば、望外の幸せである。

なお、イギリスに関する国名と地名はいささか複雑なので、本文に入る前に少しだけ付言しておこう。現在のイギリスという国は、公式には「グレートブリテン及び北アイルランド連合王国」という。このうちの「グレートブリテン」は、首都ロンドンがある大きな島で、隣のアイルランド島や周囲の小さな島々とともに、地理的には「ブリテン諸島」を構成する。本書でしばしば出てくる「ブリテン島」とは、正しくは「グレートブリテン島」とよぶべきであるが、読みやすさなどを考えて便宜的な呼称を用いることにしたい。

ブリテン島の東南部を中心にもっとも大きな領域を占めるのがイングランド、北部がスコットランド、島の南西寄りにこぶしのように太短く突き出した部分がウェールズで、中世にはそれぞれが独立した王国を形成していた。それ以前、ごく古い時代の三地域の動態については、本文の中でおいおい触れることになる。

第一章
非文明の景観

ノウルトンのヘンジ

1　旧石器時代から新石器時代へ

†氷期の終わりと定住の始まり

私たちの住む地球は、太陽のまわりをめぐる軌道の傾き、海陸の配置の移り変わりが引き起こす海水や大気の流れ、およびその組成などがゆっくりと変化することによって、とても温暖な時期と比較的寒冷な時期とが、数百万年間という長いスパンで交互に入れ代わっているらしい。いまは、そのうち比較的寒冷な時期にあると考えられている。

さらに、その比較的寒冷な数百万年間のなかでも、数万年から十数万年というもっと短いスパンで、とくに寒冷な時期とそうでもない時期とが交代をくり返している。前者を「氷期」、後者を「間氷期」とよぶ。現在は間氷期に属している。

現在の間氷期になる前の氷期、つまりいまのところ過去の最後の氷期とされるウルム氷期は、約七万年前に始まった。すでにその前に現れていた私たちホモ・サピエンス（現生人類）は、この氷期を生き抜いたことになる。艱難辛苦《かんなんしんく》をくぐっただろうその時代までに、宗教や思想や芸術を生み出せるほどの高度な心を、私たちは進化させていた。フランスやスペインで見つかっている洞窟壁画や、東ヨーロッパにたくさんある「ヴィーナス像」のほとんどは、この最終氷期の産物である。

やがて地球の気温が徐々に上がり始め、最終氷期の終わりが見えてきたのは約一万八〇〇〇年前である。洞窟壁画に描かれたオオツノジカなどの大型動物が減ったことにより、石ヤリをふるっての集団猟の実入りはしだいに少なくなっていっただろう。その後、一万三〇〇〇年前を少しすぎたあたりから千数百年のあいだ、「ヤンガー・ドリアス期」とよばれる一時的な再寒冷期が訪れる。だが、それが終わって一万年前ごろを過ぎると、地球の気温は急激に上昇し、現在よりもなお数度高い平均気温になるほどに温暖化した地域も出てきた。日本列島もそうである。

温暖化によって、人類が食糧として利用できる植物の資源が豊かになった。生い茂った自然の植物からたくさん得られるようになった収穫を頼りにしたり、自然の植物に手をかけてそこからの実入りを最大限にしたりすることによって、それまでにない多くの人数が常時一ヵ所に集まって、人びとは暮らすことができるようになった。あるいは、植物を管理する労働力の必要性から、そうしなければならなくなった。

†人類史における環境要因

このようになった段階を、「新石器時代」とよぶ。すなわち、新石器時代とは、最終氷期終了後の温暖化のもと、植物資源に頼って定住するようになった人類史段階、と定義できる。新石器時代の日本列島ヴァージョンが縄文時代だが、森林の資源があまりにも豊かだったので、あえてそれに余分な手をかけて「農耕」とよべるほどの管理をするまでには至らなかった。いっぽう、より高緯度で寒冷だったブリテン島では、やや遅れて六〇〇〇年前くらいになってから、ムギ類の栽培やウシ・ヒツジ・ブタなどの飼育をおこなう農耕と牧畜の段階にはいった。

ただし、二〇世紀までの歴史学の本流は、カール・マルクスやフリードリヒ・エンゲルスが一九世紀に定立したままの史的唯物論（唯物史観）だった。この考えでは、人類は開闢《かいびゃく》以来、その「生産力」（突き詰めていうと、食料や富を生み出す高）を常に発展させていることになる。そうだとすれば、子供がその身体の成長にしたがって衣服が合わなくなり、新しいサイズの衣服を買わなければならなくなるように、生産力の発展にしたがって社会もまたその形を変えていかねばならない（これが「革命」である）。そのことこそが歴史の動きであると、史的唯物論ではみてきたのである。このように、史的唯物論は、人類に生得的に備わった生産力発展のポテンシャルが歴史を動かすと考えるので、その根本が環境の変化によって左右される可能性など、もとよりその理論の中に織り込んではいない。そればかりか、環境の変化が人間の歴史を左右するというような考えに対しては、「環境決定論」などとよんで邪道視する風潮すら、昔ながらの史的唯物論者の間では根深かったのである。

けれども、考古学を含む人文科学（ヒューマン・サイエンス）の近年の趨勢では、人類もまた何ら特別な創造物などではなく、地球上に無数にある生物の一種として捉えることが常識となりつつある。さらに、過去の気候や植生を高精度で復元する技術が飛躍的に高まった結果、一生物たる人類の社会に決定的な影響を及ぼさないではいなかった大きな環境変動の存在が、実証的に明らかにされてきた。旧石器時代から新石器時代への転換は、いまや、地球規模の環境変動への適応として生じた歴史事象ととらえるのが国際的な定説となっている。

†新石器「芸術」の発展

最終氷期終了後の温暖化に適応して始まった日本列島版新石器時代。それが縄文時代である。縄文時代と聞いて誰もが思い浮かべるのは、その複雑で華麗な土器であろう。このような土器がとくに発展したのは、およそ六〇〇〇〜四五〇〇年前、草創期および早・前・中・後・晩の六期に分けられる縄文時代のうちの、前期後半から中期にあたる時期である。関東甲信越から東北にかけての地域が、その発展の中心であった。縄文土器は、世界のなかでももっとも有名な新石器時代「芸術」の一つに数えることができる。

そんな「芸術」の発展が、六〇〇〇〜四五〇〇年ほど前の関東甲信越でみられたのはなぜだろうか。その理由は、この時期と地域こそが、縄文時代のうちでももっとも大規模な定住が進み、人口が増えてその密度も高まったことに求められる。つまり、ひとところに多人数が顔をつき合わせて永住することによって濃くなった人間関係が、新石器時代「芸術」の母胎であった。

人間関係が濃くなると、個人どうしや家族どうしの競争意識、ともに集まって暮らす多人数のあいだの仲間意識、その裏返しとなる外に向けての排他意識など、さまざまな社会的感情が人びとのあいだを行き交うようになる。そして、そのような感情はおのずと、仕事の出来ばえを競ったり、デザインが共通する道具を仲間のしるしとして持ちたがったり、同じ偶像を崇拝したりすることによって、器物の形や表現にもりこまれていくようになる。言いかえれば、器物にはその本来の機能的・物理的な役割だけではなく、ときにはそれすら阻害するほどの激しさで、社会的・心理的な役割が託されるようになるのである。このような器物が現れると、今度はそれが濃密な人間関係にもとづく複雑な社会の形成を助けるようになる。日本列島新石器時代の縄文土器は、そのもっとも典型的な表れであった。

いっぽう、ブリテン島の新石器時代は、温暖化したとはいえ日本列島よりはいくぶん冷涼な気候だったこともあって資源がうすく、日本の縄文時代のような多人数の定住や高い人口密度には至らなかった。したがってブリテン島では、新石器時代の初めのうちはまだ、縄文土器ほど極端に社会的・心理的役割が託された器物はみられない。もとより、ドングリやクリなどの堅果類が主要食料だったために煮沸用の土器がたくさん必要だった日本列島に比べ、ムギ類を製粉してパンに焼くことが多かったブリテン島では、土器そのものがずっと少なかった。それでも、これらの縄文土器と同時期の所産である「ピーターバラ式」とよばれる土器などは、ブリテン島の先史時代のうちではもっとも複雑に発達した文様をもち、雰囲気は縄文土器とたいへんよく似ている。

どの器物をどんな風に飾るか、言いかえれば、どの器物にどのような社会的・心理的な役割を託するかという「芸術」の表現パターンは、時代や社会によって異なる。同じパターンをもつ社会は、たとえ地理的・年代的に隔たっていたとしても、そのしくみや発展度、そこからくる人びとの心性や思潮といったものがきわめてよく似ている。新石器時代の前半にあたる六〇〇〇年前をすぎたころの日本列島とブリテン島は、ユーラシア大陸をはさんでたがいに正反対の位置にあるけれども、そのような意味で、同じしくみや発展度に根ざして、あい似た心性や思潮をもつ二つの社会だったと考えられる。

†危機を乗り切る二つの道

だが、それから千数百年ののち、日本列島の新石器時代社会は大きな危機に直面した。地球規模で進んだ寒冷化である。最終氷期を終わらせた温暖化は、五〇〇〇年前までにピークに達したあと、しだいに後退して寒冷化が進んだ。

かつての氷期ほど厳しい寒さに襲われたわけではないが、ピーク時よりも平均して二、三度くらいは平均気温が下がったとみられるこの環境変動は、植物資源などの収穫に大きく影響し、それに依存してきた新石器時代の社会を、世界の各地でしだいに変質させていった。それには、大きくみて二通りの方向がある。

第一は、それまで続いてきた植物の栽培や動物の飼育をより強化・徹底することによって生産量を増やし、定住社会を何とか維持していこうとする方向である。この方向が顕著にあらわれたのは北半球の中緯度地帯で、西アジアのメソポタミアやインダス川流域、アフリカのエジプト、中国の黄河流域など、いわゆる四大文明の中心となった地域はその典型である。よく知られているように、これらの地域では、灌漑などの技術と労力を耕地に投入して農業の集約化をはかり、それを統括する人びとが富と威信とを高めていくというタイプの社会ができた。都市や国家の形成である。もっとも、これらの地域のなかには、このときの寒冷化がかえって植物資源によい影響を与え、それが都市や国家の形成を後押ししたところもあった。

第二は、第一の地域の周辺、とくにそれらよりも高緯度で、寒冷化が植物資源にさらに深刻な打撃を与えた地域がみせた方向である。日本列島の縄文社会が進んだのは、主としてこの方向であった。これらの地域では、定住を支える生産量を増強させるのではなく、定住を解いて人口を分散させ、一つの集団を支える資源がなるべく少なくてすむようにするという、都市や国家の「文明」に根ざした社会とはまったく異なる歴史の軌道を踏むことになったのである。

温暖化からふたたびの寒冷化へ。人間社会に対する、まるでアメからムチへというような天の働きによって、地球上に広まった新石器時代社会は二つの異なったタイプに振り分けられた。四大文明の地域を典型とする「文明型」の社会と、その周辺に生じた「非文明型」の社会である。日本列島の縄文時代社会は非文明型へと進んだ。さらに高緯度にあってもとより冷涼だったブリテン島でも、紀元前三〇〇〇年紀の半ば以降、いっそうの寒冷化が目立つようになり、非文明型社会の特徴をますます顕著に備えるようになっていった。

2　世界遺産を訪ねて

†遺跡の歩き方

文明型の社会の周辺に生じた非文明型の社会。それは、集約化させた農業生産をもとに王・都市・国家を生み出すなどの、いわば自然に対峙して膨張していく社会ではなく、自然に溶け込みながら持続していく社会といってもよいだろう。そういうと、文明型のようなはなばなしい物質文化を生み出さない地味で貧しい社会だったかのように聞こえるかもしれないが、けっしてそうではない。文明型の社会の直接の子孫ともいえる現代の先進社会に生きる私たちには、ときにきわめて奇妙に見える、理解のむずかしい、だがそれだけに新鮮で魅力的なたくさんの記念物――生産活動ではなく精神活動のために築かれた建造物――を、かれらは残しているのである。ともにこの道を歩んだ日本列島とブリテン島は、このような記念物の宝庫といえる。いまからそれらを訪ね、営んだ人びとの心に触れつつ、両地域に花開いた非文明型の社会に共通の本質をさぐってみたい。同時に、両地域がその後に歩んだ歴史の道のちがいにつながっていったような差異もまた、見つけ出してみよう。

最初に訪ねるのは、ブリテン島南部、英国ウィルトシャーの世界遺産「ストーンヘンジ、エーヴベリーと関連する遺跡群」のうちの、「エーヴベリーと関連する記念建造物群」としてまとめられているほうである。あとで訪ねる「ストーンヘンジと関連する記念建造物群」からは、三〇キロメートルほど北に離れている。両方を一日で見られるバスツアーもロンドンあたりから出ているが、新石器時代の人びとの心に触れられるほどにゆっくりと見て回るには、やはり気ままな個人旅行が望ましい。その足としてもっともお勧めするのはレンタカーである。

なぜか。第一に、英国は日本よりもはるかに田舎が広く、多くの遺跡は牧草地の丘や農場の中に点在している。そういう場所に容易に近づける公共交通機関はまずない。第二に、英国の自動車運転は、日本と同じ右ハンドルなので非常に簡単である。右ハンドルの国は世界でも珍しいので、日本人がこのアドヴァンテージを使わない手はない。出発前に「国際免許証」(手数料を払って手続きすれば比較的簡単にもらえる)を取っておけば、あとは国内でレンタカーを借りて乗るのとほとんど同じである。レンタカーの予約は日本からでもネット上ですぐできるし、そうしておくと、現地のレンタカー屋では最低限の片言英語で十分にこと足りる。鍵を受け取って運転席に陣取ればこっちのもの。あとは英国の道路の最大の特徴といえる「ラウンドアバウト(ロータリー)」方式の交差点に慣れるのと、方向指示器とワイパーの位置がなぜか日本と逆だということに気をつけるくらいのものである(雨も降っていないのに交差点でワイパーを動かしている車は、たぶん日本人が乗ったレンタカーだろう)。

さて、エーヴベリー(実際の発音は「エイブリ」のように聞こえるが、本書では日本語での一般的な表記に合わせる）に行くとすれば、近くのいちばん大きな町はスウィンドンだから、そこでレンタカーを手配しておけばよい。ロンドンからスウィンドンまでは、パディントン駅発の列車で一時間弱である。

†エーヴベリー周辺の記念物群

エーヴベリーとその周辺の最大の楽しさは、新石器時代のブリテン島に栄えた「非文明型」の社会の人びとが石や土で築いた、いろいろな種類の記念物が一堂に集まっていることだろう。

第一は「コーズウェイド・エンクロージャー（通路のついた囲い）」。ゆるやかな丘の頂上付近を囲うように溝を掘り、掘った土を内側に積み上げて土手にしたものである。まれに、丘ではなく低地に作られている例もある。奇妙なことに、この溝と土手は一続きでなく、数カ所で切れ切れになっている（「コーズウェイド」とは「通路のついた」という意味で、この切れ切れの部分を囲いの内部にいたる通路とみなしての用語である）。上から見ると円く囲ってはいるが正円ではなく、たいていゆがんだ楕円形で、しばしば二〜四重の同心円状になっている。直径はブリテン島最大のもので約三六五メートル。この最大の例こそが、エーヴベリーの近くにあるウィンドミル・ヒルである。何に用いられたものか、ウィンドミル・ヒルを訪ねたときに考えてみよう。

第二は「ロング・バロウ（長形墳）」。細長い長方形をした墳丘墓である。日本列島でいえば古墳のようなものであるが、縄文時代にあたる新石器時代に作られたものだから、年代は古墳よりはるかに古い。これも、エーヴベリー近傍のウェスト・ケネットがブリテン島最大で、長さは一〇四メートル。なぜこんなに大きな墓が「非文明型」社会で生み出されたのか。これも、この社会の本質にせまる重要な問題である。

第三は「ヘンジ」。高い土手とその内側の空堀を円く巡らせた土木構造物である。第一の「コーズウェイド・エンクロージャー」よりも土手はずっと高く、堀も深い。実はエーヴベリーはヘンジであり、直径約四二〇メートルと、これもまたブリテン島最大である。

第四は「ストーン・サークル（環状列石）」。新石器時代にはさまざまな形に巨石を配置した「巨石記念物」がヨーロッパ一円で発達するが、ストーン・サークルはそのもっとも典型的なもので、読んで字のごとく、巨石を円く立て並べたものである。エーヴベリーは、ヘンジでありながら空堀の内部に沿ってストーン・サークルが巡っていて、その直径三三〇メートル強。またしてもブリテン島最大という栄誉を誇る。

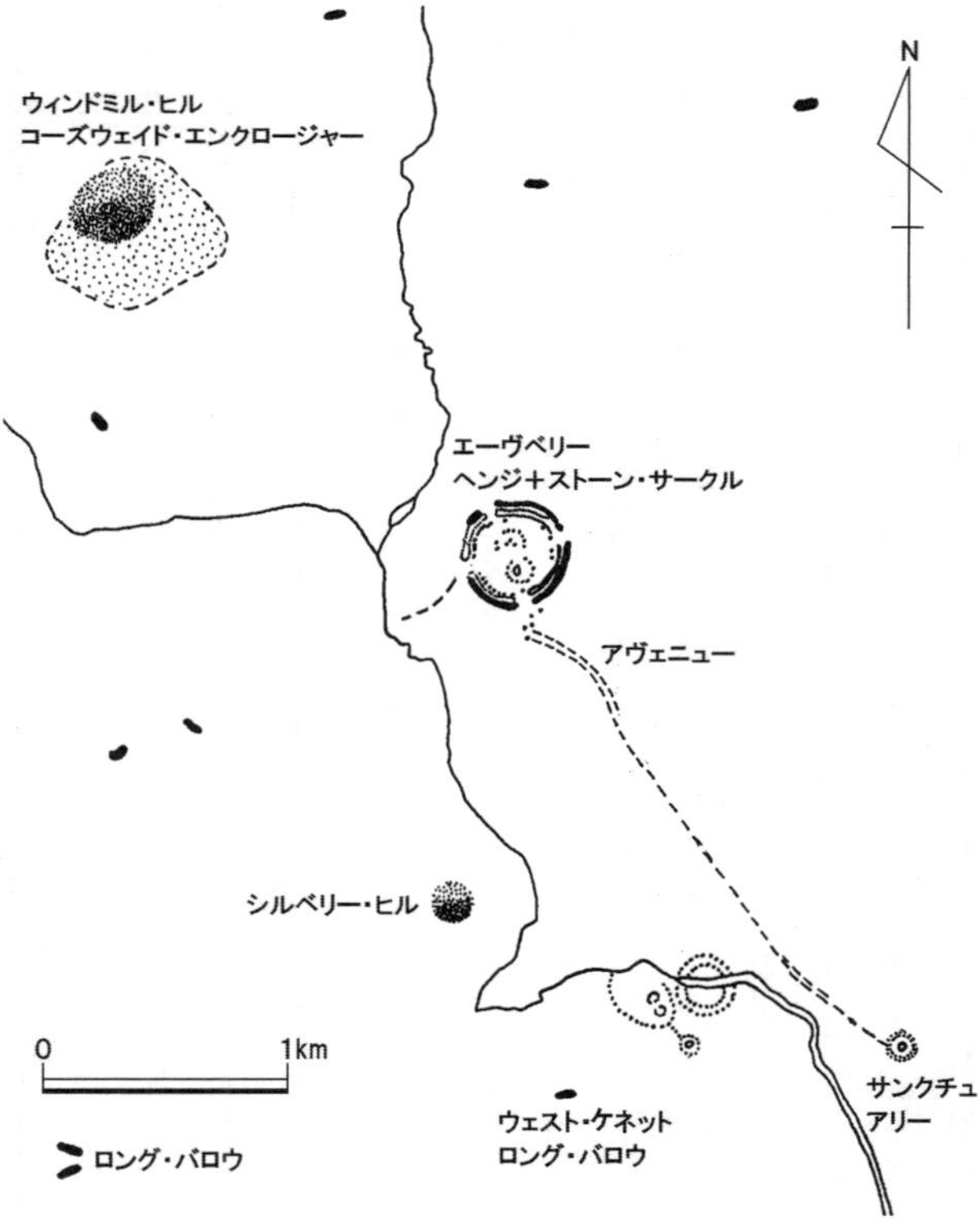

図 1-1　エーヴベリー周辺の記念物群

このように、エーヴベリーとその周辺は、新石器時代を代表する各種の記念物が集まっていて、しかもそのいずれもがブリテン島最大、ヨーロッパで屈指の規模をもつ。新石器時代の人びとと景観や感覚を共有することによってその心や社会に如実に触れることができるという、地球上でもとびきりの場所。テーマパーク「新石器ワールド」ともいうべき必見ポイントである。ここを起点に、新石器の記念物をめぐる旅をはじめよう。

†さえないルックスの重要遺跡──ウィンドミル・ヒル

ブリテン島最大のコーズウェイド・エンクロージャーとして有名なウィンドミル・ヒルは、記念物群の中心地エーヴベリーの北方二キロメートルのゆるやかな丘の上にある。というよりも、この丘そのものが「ウィンドミル・ヒル（風車が丘）」である。丘の頂上にある遺跡へ行くには、駐車スペースのあるエーヴベリーから川に沿って牧場のほとりを歩き、最後は牧草の斜面を頂上に向けていっきに登る。高低差は約四〇メートル。

何も知らなければ、しんどい思いをしてたどり着いた遺跡にしては、「あれ？」という場所ではある。丘の頂上を三重にとり巻いていた堀と土塁は、もともと切れ切れだったうえに長い年月をへて低く浅くなっていて、少々わかりにくい。遺跡の平面図を見ながら牧草地の中の凹凸をたどり、ようやく確かめられるくらいである。数カ所で丸く盛り上がっているのは、千数百年後の青銅器時代につくられた墳墓で、この遺跡と直接の関係はない。英国南部の牧草地がほどよい茂り具合で青々としているのは五、六月ごろまでで、七月にはいると草の丈が長く深くなって色も枯れてくる。もちろんそれでも十分に見学は可能だが、とくにこのウィンドミル・ヒルのような見た目が微妙な遺跡のベストシーズンは、やはり春から初夏までだろう。

ここウィンドミル・ヒルは、一九二六〜二九年、エーヴベリー周辺の記念物群のなかで最初に発掘調査がおこなわれた。発掘者はアレクサンダー・キーラーとハロルド・セント・ジョージ・グレイ。長く忘れ去られていたエーヴベリーと周辺の記念物群が、世界的な遺跡として今日認知されるようになったのはキーラーの功績によるところが大きい。

キーラーらは、ウィンドミル・ヒルをめぐる溝に堆積した土から、たくさんの人間と動物の骨を見つけ出した。いっしょに出た土器の年代から、この遺跡は、新石器時代前半の紀元前三三〇〇年ごろから紀元前三〇〇〇年ごろまでの長きにわたって営まれていたと考えられる。この発掘を機に、キーラーらは、切れ切れの堀と土塁で円く囲まれたこの種の遺跡を、「コーズウェイド・キャンプ」と称した。「キャンプ」とは「露営地」のことであるが、本当にそうであるかどうかわからないということで、今日では単に「囲い」として「コーズウェイド・エンクロージャー」とよぶ場合が増えている。

このようなコーズウェイド・エンクロージャーを英国南部一帯に築いた人びとは、同じように農耕と牧畜をおこない、同じような土器や石器のスタイルを共有するという意味で一つの文化をもっていた。この文化を「ウィンドミル・ヒル文化」とよぶ。この名称は、その後、新石器時代の文化を研究するうえで欠かせない用語・概念として、ヨーロッパの考古学で長く使われることになった。

かつて、新石器時代の人びとは、ローマ時代以前にヨーロッパに広く住んだ「ケルト人」と同一視された時代があった。ケルト人とは、馬と戦車を携え、古くに中央アジアから移動してきたヨーロッパの先住民とみなされた人々の総称である。けれども、新石器時代の文化が馬と戦車の時代よりもはるかにさかのぼると判明した今では、ケルト人よりも古い時代に生きていた「先ケルト人」ともいうべき人々が、新石器時代の記念物を築いたことは明らかで、その由来や出自についての研究が進みつつある。

このように、ウィンドミル・ヒルは、今の見た目は少しさえないけれども、ヨーロッパの考古学と歴史学にとってきわめて重要な、まさに記念碑的な遺跡といえる。

†謎の遺跡

コーズウェイド・エンクロージャーは、ブリテン島と対岸のフランスを中心として、北西ヨーロッパに、明確なもので約二五〇カ所が知られている。さきに列挙した新石器時代記念物の各種のうちでは、ロング・バロウとともにもっとも早くに出現する。その年代は、地域によって多少のずれがあるが、ブリテン島では、古い例は紀元前三〇〇〇年代の前半にまでさかのぼる。

この記念物の最大の謎は、「囲っている」一方で（切れ切れに）「開いている」という矛盾に満ちたその奇妙な形態を、いったいどのような機能や意味をもつものとして理解できるのかというところにある。とりでのように守りを固めた施設であるとか、家畜を閉じ込めておくための場所であるとかいった説がかつてあったが、それならばなぜ切れ切れに開いているのか、その理由が説明できないことから早々と衰退した。

切れ切れに開いて、その部分が内側にいたる通路のようになっている。そしてこの通路が、囲いの内側から見て四方八方に開いているという特徴にこそ、この記念物の機能や意味が見いだされるのではないかというのが、次に出てきた視点である。つまり、人びとが四方八方から集まってきて内側で何かをすることが、この記念物が作られた目的だったのではないか、とする考え。さらにいえば、いつもはバラバラに暮らしている人びとが、時に応じて集まる会所のような施設だったという説である。

こうした議論と並行して、コーズウェイド・エンクロージャーの発掘調査例も増えた。それでわかったのは、この切れ切れの溝は掘られた当時のいっときだけのものではなく、何回も埋まっては掘りなおされ、掘りなおすたびにそこで特別な行為がなされていたことである。ウィンドミル・ヒルでは、人間や家畜の骨が、土器やフリント（石器の材料として用いられた硬くて緻密な石材：火打石）とともに溝の中から出土した。人骨の一部は、なぜかウシの骨と入れ子にされていた。また、八〇キロメートルほど南西、ドーセットシャーにあるハンブルドン・ヒルのコーズウェイド・エンクロージャーでは、溝の底に人間の頭骨（頭蓋骨）が並べられていた。ただし、現代人からみるといささか薄気味の悪いこのような特異な出土物のかたわら、いっしょに出る土器には日常の暮らしの中で壊れて捨てられたとおぼしきものが少なくない。

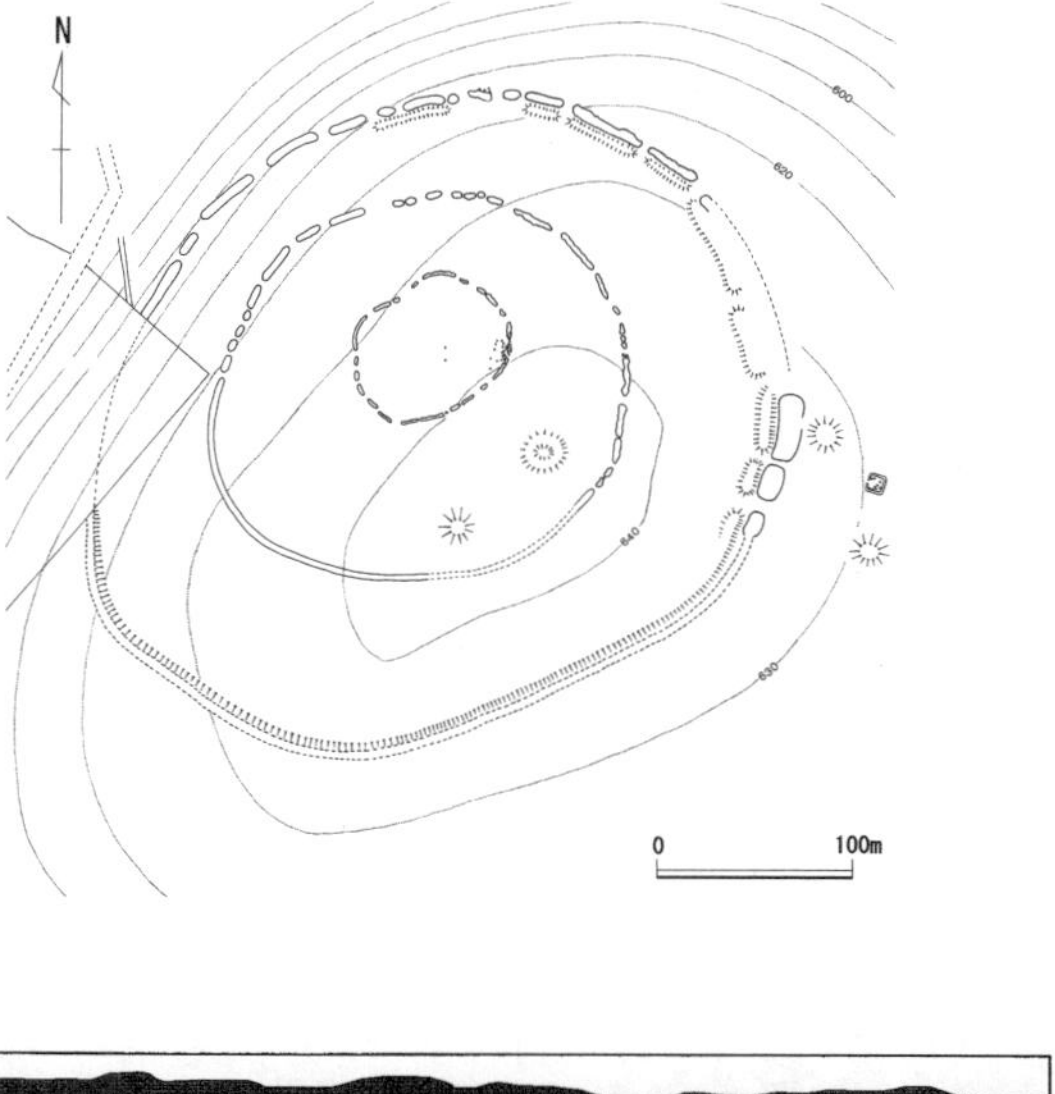

図 1-2　ウィンドミル・ヒルのコーズウェイド・エンクロージャー

†コーズウェイド・エンクロージャーの正体

以上のような点をまとめて、コーズウェイド・エンクロージャーは、普段ばらばらに暮らしているいくつもの家族が集まり、一定のあいだ生活をともにしながら宗教的な行事をおこなう場所だったと、今日では考えられている。それぞれの家族は、コーズウェイド・エンクロージャーのいくつもの切れ目のうちの、決まった切れ目を自分たちの「入り口」と決めていて、そこの部分の造営やメンテナンスを受け持っていた可能性がある。コーズウェイド・エンクロージャーの最大の特徴である「切れ切れ」の理由を、そのように考える人は多い。そうだとすると、おのおのの切れ目はそれぞれの家族の象徴であり、同時に、それらの切れ目が連なって一つの囲いを作っていることが、家族同士がまとまって一つの部族を構成するきずなの演出でもあっただろう。

一年のうちの決まった日になると、それぞれの切れ目を参道として、各家族がコーズウェイド・エンクロージャーの内側に集まってくる。まつりの行事をとりおこなうためである。その行事とは、死んだ人、殺した家畜、使い終わった道具など、命を終えさせたものを大地に埋め置く行為を中心にしていたらしい。命を大地に戻すということなのか、大地に新たな命をさずかるということなのか、その意味の具体的内容は知る由もない。ただ、そのようなおこないをする内側の空間が、当時の人びとにとって特別な場所であったことを疑う理由はないだろう。

さらにこの空間は、ウィンドミル・ヒルのように四方から仰がれる小高い丘の上にしつらえられている。あるいは逆に、フランスなど大陸側のいくつかの例にみられるように、周囲から望まれる谷底のような場所に造られることもある。あたかも、ともにそれを営む家族たち――おそらくは部族ともいうべき血縁原理の共同体――の占有領域ないしは「なわばり」を誇示するような、ランドマークとしての役割を果たしていた可能性も強い。

このように、コーズウェイド・エンクロージャーは、部族のきずなを確かめ、大地に宿る超自然的存在―神―との宗教的な交わりを強化し、さらには自分たちの領域をよそ者に対して主張するための施設だった。新石器時代の人びとにとっては、今でいう「パワー・スポット」といった言葉ではまだ弱すぎるほど、その精神を支えて日々の暮らしを成り立たせるためには不可欠の場所だったにちがいない。

†遺跡の再利用

当時の人びとの目に映っていたのといちばん近い形で眺められ、またその場所も踏めるコーズウェイド・エンクロージャーの例としてお勧めできるのは、ウィンドミル・ヒルから南へ約一〇キロメートルのところにあるナップ・ヒルである。ストーンヘンジのある南のソールズベリ平原からエーヴベリーのあるマールボローのダウン(平原)へと峠を越えるところにあるので、両地域を往来するときにはぜひ立ち寄っていただきたい。牧草地の丘の頂上を鉢巻状にめぐる一重の溝と土塁が、峠越えの道路からでもはっきりと認められる。車を停めて近づいてみると、この溝と土塁が切れ切れになっていることも確かめられる。その内側には、千数百年後の青銅器時代に築かれた丸い土饅頭の墳墓がある。

余談になるが、青銅器時代の墳墓は、さきに述べたようにウィンドミル・ヒルにもあった。さらに、後で訪ねるメイドゥン・キャッスルやハンブルドン・ヒルなどの鉄器時代ヒルフォート(丘上防塞)も、かつてそこにあったコーズウェイド・エンクロージャーの上にかぶさるように築かれていて、その遺構がうっすらと残っている。このように、コーズウェイド・エンクロージャーは、後の青銅器時代や鉄器時代の人びとにも「昔の特別な場

図1-3　ナップ・ヒル

所」と意識され、そこに墳墓や防塞を営む由縁になったと考えられる。

過去の遺跡の再利用は、日本でもよく見られる。古墳へ行くと、しばしばその上に神社や祠があるのを目にされるだろう。具体的な由来や年代を知るのは困難だが、そこが先人を葬った「遺跡」だという当時なりの認識が、それらの動機となっているのは疑いない。巨大な古墳を天皇陵などの「陵墓」と定めて祭祀の対象としていることも、国家的規模での遺跡の再利用である。古墳を史跡公園として学びや憩いの場とすることもまた、広い意味での遺跡の再利用といえるだろう。

こうした「過去の遺跡の再利用」の歴史を探る研究は、近年の欧米の考古学ではきわめて盛んである。それは、私たち自身が過去の遺跡をどう捉え、どう扱うべきか、という現代の考古学に求められる議論のヒントになるからであろう。

†五六〇〇年前の石室

ふたたびエーヴベリー周辺に戻り、新石器時代の四種の記念物のうちの第二「ロング・バロウ（長形墳）」の紹介に入ろう。訪ねるのは、ウェスト・ケネットのロング・バロウである。

ウェスト・ケネットのロング・バロウは、いま訪ねたウィンドミル・ヒルのコーズウェイド・エンクロージャーとはエーヴベリーをはさんで反対側、つまり南東の方向におよそ四キロメートル隔たったところにある。エーヴベリーの駐車場からも歩いていけるが、時間の節約と体力の温存のため、南方を東西に走るA4号道路沿いの駐車スペースまで車で行けば、あとは約一五分歩けばよい。

駐車スペースから、畑の脇の細い道をまっすぐ南へ登っていくと、斜面の上方に一〇四メートルの細長い墳丘の横っ面が姿を現してくる。その左端には巨石の列が立っているのが見える。近づくと、この巨石の列は、細長い墳丘の東の端にあたる短辺を覆い隠すよう

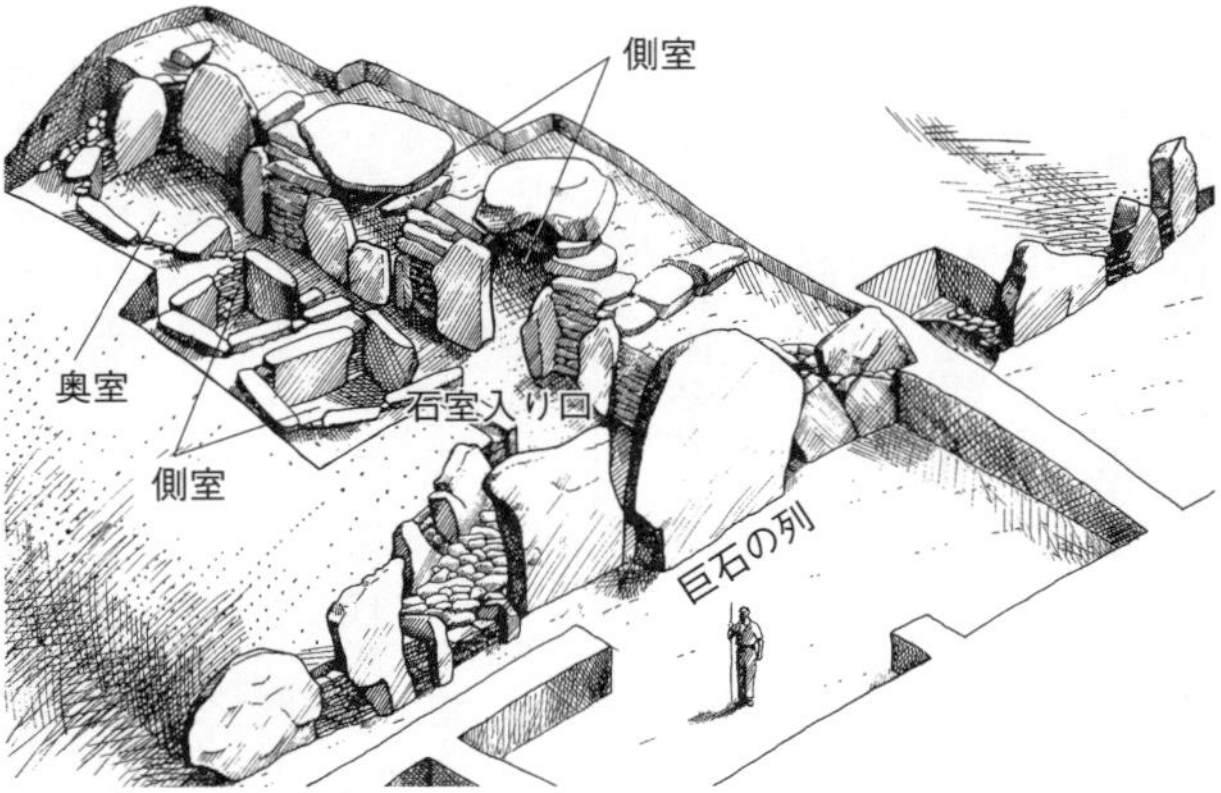

図 1-4　ウェスト・ケネット長形墳の石室

に、一〇個ほどがずらりと立て並べられている。その後ろ側に回り込んでみると、墳丘の短辺は中央が少し奥まっていて、そこに石室の入り口が開いている。

南イングランドの明るい陽光になじんだ目には真っ暗に見える入り口から通路を少し進むと、左右に一対、またすぐにもう一対、都合四つの小部屋（側室）がついている。突き当りは少し広い部屋（奥室）になっていて、入り口からここまでの奥行きは一〇メートル余り。高さは、いちばん高くなった奥室の天井で三メートルくらい。全体の雰囲気は日本の横穴式石室によく似ているが、異なる点は二つある。第一は、いま述べた内部の「間取り」で、日本の石室にはふつう側室はないが、このロング・バロウの石室は側室の存在が最大の特徴である。第二は、石室の壁の積み方で、まず巨石を並べ、その巨石と巨石のあいだを、薄い板状の石を水平に積んで埋めていく。このやり方は、日本の横穴式石室にはほとんど見られない。

私がこの石室を訪ねたとき、奥室の巨石の上には小さなキャンドルが灯され、花束が手向けられていた。ここが古代人の「墓」であったことを思う現代人の行いである。同じ行いは、日本の古墳の横穴式石室でもしばしば見かける。すでに生命を終えた係累がまだどこかに存在すると信じ、それとのつながりを保とうとする行為は、洋の東西や、現代と過去といった時空の差を超え、ホモ・サピエンスに共通する認知に根ざしているのである。「人間性」の正体をそこに見つけられたかのような、暖かい感情が心に満ちた。

†死者たちの会所

ウェスト・ケネットの石室は古くから知られ、遅くとも一七世紀以後、何度も掘り明かされてきた。それらについての明確な記録はほとんど残されていない。記録の残る学術的な発掘調査は、一八五九年と一九九五～六年の二回である。

二回の調査で、石室内の各所から、少なくとも四六体分の人骨が出土した。赤ん坊から

図 1-5　ウェスト・ケネット長形墳の石室（奥にキャンドルの灯りが見える）

老年までさまざまな年齢の男女の遺骨である。ただし、それらの多くは完全につながった状態ではなく、とくに頭骨や、大腿骨のような長い骨を欠く場合が多い。これは、白骨化した遺骸から、そのような際立った部位の骨だけをどこか他の場所に取り出し、何かの宗教的な行為に利用していたためであろう。どこで遺骸を白骨化させたのかはわからないが、この石室においてではなかったとしたら、後で述べる近隣の「サンクチュアリー（聖域）」の木柱列か、先にみたウィンドミル・ヒルのコーズウェイド・エンクロージャーの内部ではなかったかと想定されている。

放射性炭素による年代測定の結果、ウェスト・ケネットの石室墳は、紀元前の三六〇〇年ごろから二五〇〇年ごろまでの一〇〇〇年あまりの長きにわたって営まれていたことがわかった。このような長い使用期間は、ヨーロッパの新石器時代石室では通例である。

ウィンドミル・ヒルと同様、ここもまた、現代の私たちにはおどろおどろしい感じのする「先ケルト」の宗教の舞台であった。ウィンドミル・ヒルのようなコーズウェイド・エンクロージャーとこうした石室とが、どんなふうに役割を分担していたのかは不明であるが、双方とも、普段は分かれて暮らす部族のきずなの演出と精神生活の舞台であり、いずれかといえば前者は生ける者の、後者は死せる者の会所のような意味をもっていたと考えられる。

新石器時代の石室は、西ヨーロッパからブリテン島、アイルランド島の各地に分布している。地域ごとにさまざまな形や間取りに発展し、それらを訪ね歩くことは古代遺跡をめぐる旅でも常にハイライトとなる。後の楽しみとしよう。

†巨大な土木建造物

エーヴベリー周辺の遺跡を巡るときの最大のハイライトは、新石器時代の記念物四種のうちの第三「ヘンジ」と第四「ストーン・サークル」とが一体化したエーヴベリー本体の遺跡である。

エーヴベリーのヘンジは、直径約四二〇メートルのほぼ円形に巡らされた土塁と、その内側の空堀から成る。土塁の頂と空堀の底の比高差は一一メートルほどある。牧草に覆われたその頂から底に駆け下りて土手を見上げると、スケール感に圧倒される。

溝の内側のへりに沿って、高さ二〜三・五メートルの巨石九六個が、互いに一〇メートルほどの間隔をおいてぐるりと並んでいる（今も立っているのは三〇個弱）。その直径は三三〇メートル余りあって、前述のごとくブリテン島最大、ヨーロッパでも屈指の規模をも

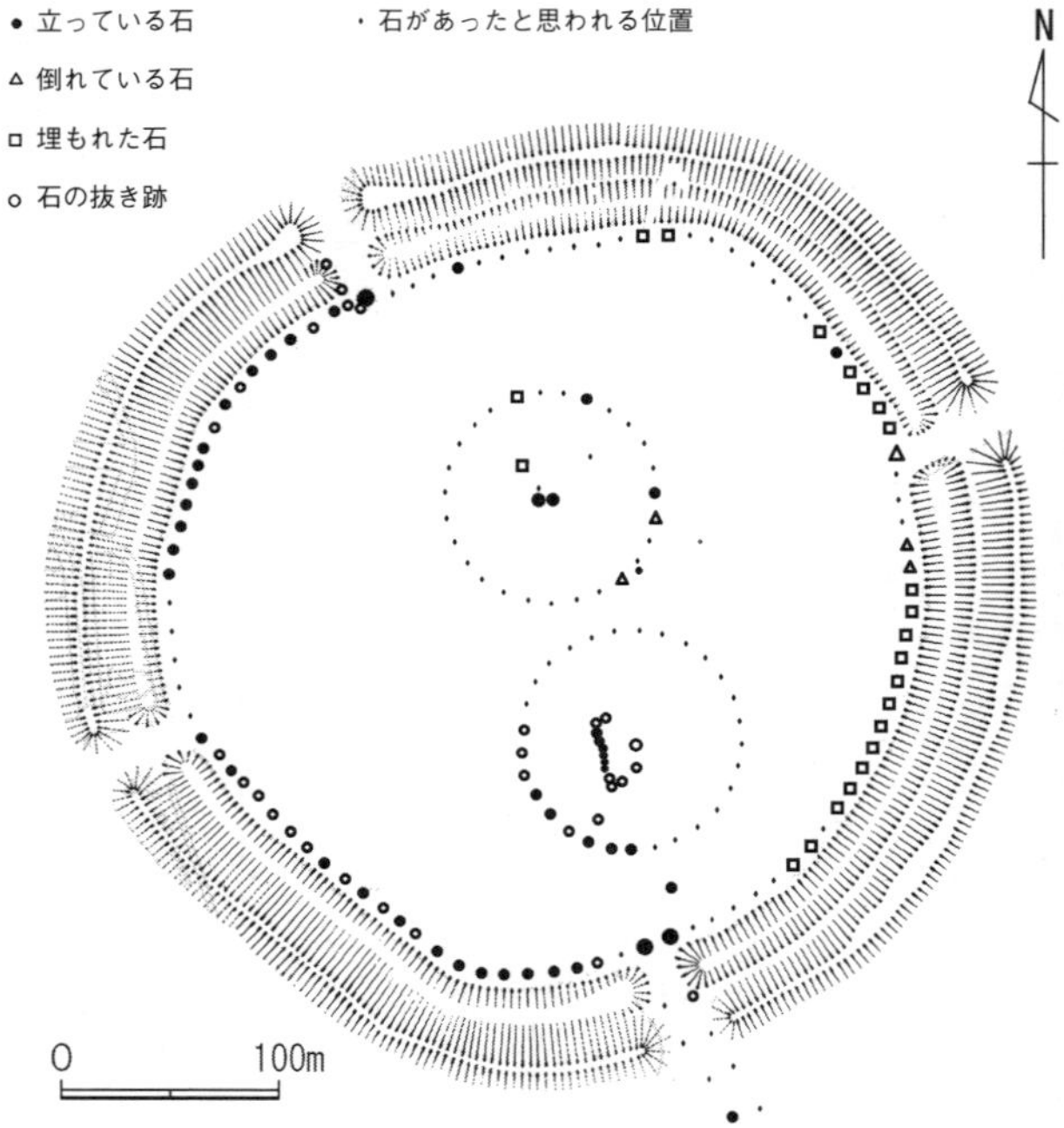

図 1-6　エーヴベリーの平面図

ったストーン・サークルである。この大サークルの内側には、二つの小サークルが並んでいる。規模はいずれも直径一〇〇メートル前後である。もとの石の多くは失われていて、その址にはコンクリートの低い石柱が立てられている。

エーヴベリーのヘンジとストーン・サークルは、紀元前二六〇〇年頃に造営された。これは、先に述べたウィンドミル・ヒルのコーズウェイド・エンクロージャーやウェスト・ケネットのロング・バロウが使われなくなった時代に当たる。最初の青銅器が大陸からブリテン島に伝わってきて青銅器時代に入るのが紀元前二五〇〇年頃とされるので、ヘンジとストーン・サークルは、新石器時代でも後半から終わり近くにかけて現れ、次の青銅器時代の初めまで用いられた記念物だということになる。

言いかえると、ブリテン島の新石器時代記念物には年代の上で二段階があり、前半がコーズウェイド・エンクロージャーとロング・バロウの段階、後半がヘンジとストーン・サークルの段階である。前半と後半の境は、エーヴベリーでは紀元前二六〇〇年頃だが、地域によって多少異なるし、二段階の記念物が並存しながら徐々に交替するところもある。そして多くの場合、後半の段階、すなわちヘンジとストーン・サークルは、次の青銅器時代の初めまで営まれ続けた。

図1-7　エーヴベリー（南側入り口より）

†歩みと巡りのまつり

ヘンジもストーン・サークルも、出土遺物は少なく、そこでどんな行為がおこなわれていたかはわかりにくい。ただし、その手がかりとなる新しい視点での調査や研究が近年進んできた。

エーヴベリーのヘンジには四つの入り口があって、いずれもそこで土塁が途切れ、内側の空堀は陸橋状に掘り残されて内外をつないでいた。もっともよく残っている南側の入り口では、ストーン・サークルの石の間隔がその部分だけやや広くなっていて、両側の石も大きいものが立てられ、あたかも門柱のようになっている。

注目すべきはこの入り口の外側である。入り口から外側に向かって、二筋の石列に挟まれた「アヴェニュー（大通り）」が伸び、ゆるく左にカーブして南東方向に走る（図1-1）。今は約五〇〇メートルで途切れているが、もとはさらに続き、南東約二・三キロメートルの地点にある「サンクチュアリー（聖域）」につながっていたらしい。

「サンクチュアリー」は、直径四〇メートルの同心円状に石と木柱を並べた、宗教的な場であったと考えられる。この比較的小さな施設と、巨大なエーヴベリーのヘンジとストーン・サークルとが、「アヴェニュー」の通路でつながっていたということである。エーヴベリーのもう一つの入り口から西の方向へも、今はほとんど姿をとどめていないが、もう一つの「アヴェニュー」が伸びていた。

つまり、エーヴベリーは単独ではなく、周囲に散らばる他の施設とつながり、それらの間を歩む、あるいは巡るという行為がおこなわれていたのである。ヘンジとストーン・サークルを主舞台とする新石器時代後半の「先ケルト」宗教は、歩みや巡りの行為を、その中に含んでいた可能性が高い。

†悪魔と新石器時代記念物

エーヴベリーは、新石器時代の次の青銅器時代には宗教行為の舞台として用いられなくなり、続く鉄器時代からローマ支配期にかけては、忘れられた存在になっていたらしい。だが、ローマがブリテン島から撤退して中世に入り、キリスト教が広まるようになると、また新しい意味合いをもって人びとに意識され始めた。彼ら彼女らからすれば得体の知れないその造作は、悪魔の仕業として疎んじられるようになったのである。

中世のエーヴベリー周辺の住民は、ひときわ目立つそのストーン・サークルの石のかたわらに穴を掘り、石の根元を穿《うが》ってそれを穴の中に倒し、埋め込んでしまうという作業を始めた。当時の思潮にもとづく遺跡の破壊がおこなわれたのである。そんな中で、一四世紀の前半、おそらくは一三二五年ごろからの数年間のうちのある日、事故は起こった。

そのとき、エーヴベリー近くの村に、一人の巡回理髪師兼外科医が訪れていた。理髪師と外科医とを兼ねるこの職業は、西洋の中世には一般的なものだったらしい。自分が発案したのか、村人を手伝おうとしたのかはわからないが、彼はエーヴベリーのストーン・サークルを構成する一つの石の根元にうずくまり、それを倒して埋める作業に没頭していた。

突然倒れかかってきた重さ三トンのその石が、彼の頸骨を叩き折り、背骨を破壊して覆いかぶさった。村人は彼を救い出すどころか、この不幸な犠牲者の亡骸を石の下から引っ張り出すことすらできなかった。エーヴベリーの破壊が途中でとどまっているのは、この出来事によったのだとも説かれている。恐ろしい悪魔のたたりとして、その後一九世紀までの長い間、この惨事は村で脈々と語り継がれていたのである。

先述のアレクサンダー・キーラーによる一九三八年の発掘によって、犠牲者の亡骸はおよそ六〇〇年ぶりに収容された。首と背中が痛ましく損傷した白骨遺体のかたわらに皮袋に収められた鋏とランセット（穿刺針）があり、彼の職業を伝えていた。同じ袋に入っていた銀貨から、惨事の年代も証拠づけられた。言い伝えは、発掘で実証されたのである。彼の遺骸と遺品とは、キーラーの名を冠した遺跡内の博物館に、エーヴベリーや周辺遺跡からの出土品とともに展示されている。

見てきたように、エーヴベリーは、「ヘンジ」と「ストーン・サークル」が合わさった記念物である。後者はブリテン島各地の例を次章で巡るので、ここでは前者の好例を、エーヴベリーからあまり遠くないところで二つほど紹介しておこう。一つは、エーヴベリーのあるウィルトシャーの南西に接するドーセットシャー北部ノウルトンのチャーチ・ヘンジである（本章扉の写真）。直径一〇〇メートル内外と規模は小さいが、土塁と溝で円く囲まれ、二カ所の入り口をもつ構造がたいへんよくわかる。真ん中に、名の由来となった中世の教会の遺構がある。

もう一つは、ドーセットシャー南部の都市ドーチェスターにあるモームベリー・リングズである。直径八五メートルであるが土塁が実に隆々としているのは、後世のローマ支配時代に円形劇場に改造されたからである。さらに一七世紀の清教徒革命のときに議会派の砲撃陣地となり、現在はコンサート会場に使われることがある。新石器時代記念物としての様子よりも、遺跡の変転と再利用の過程が興味深い例である。

†謎の大円丘

以上、（1）コーズウェイド・エンクロージャー、（2）ロング・バロウ、（3）ヘンジ、（4）ストーン・サークルという新石器時代の記念物四種を、世界遺産の一角「エーヴベリーと関連する記念建造物群」を舞台として見て回った。ただ、エーヴベリーの周辺には、この基本四種のどのカテゴリーにも入らない独特の記念物がある。その最たる一例である謎の遺跡シルベリー・ヒルを、ブリテン島各地の新石器時代記念物をめぐる旅に出発する

図1-8　シルベリー・ヒル（ウェスト・ケネット長形墳より望む）

前に訪ねておこう。

シルベリー・ヒルは、先ほど立ち寄ったウェスト・ケネットのロング・バロウの近くにある。ウェスト・ケネットの駐車場から西に向かって車を発進させると、まもなく右手にその威容が見えてくる。

初めてシルベリー・ヒルを目にしたとき、私は熊本県の阿蘇火口原の中にある「米塚《こめづか》」を連想した。ただ、米塚が自然の火口丘であるのに対し、こちらは完全な人工物。直径一六七メートル、高さ四〇メートルの裁頭円錐形であるが、今平たく見える頂上は後世に要塞に使われた際の造作で、もとは丸かったという説もある。いずれにしても、日本列島最大の円墳（埼玉県の丸墓山古墳、直径一〇五メートル、高さ一九メートル）よりもはるかに大きく、ヨーロッパ先史時代で最大の土木建造物であることはまちがいない。

　周囲のどこからでも目立つ建造物であるだけに、古くから人びとの好奇の的になったとみえて、一七世紀よりこのかた何度かの発掘が試みられた。初期の発掘は頂上から竪穴を掘り下げたり、裾から横穴をぶちぬいたりするなど、すこぶる乱暴であったようだが、この遺跡の機能や意味を明らかにする何物も発見できなかった。

　シルベリー・ヒルの人工丘は、ブリテン島南岸一帯の地盤を形成する真っ白なチョーク（未固結石灰岩）層の礫と土から成り立っている。その精査によって、まずは小さな円丘を作り、それに覆いかぶせるように円丘を拡大していったことや、もとは作業の足場確保と崩壊防止のために段が設けられていた可能性などが明らかになった。だが、埋葬その他、この丘の実質的な機能を物語るような証拠は、何も見つかっていない。

　その謎めいた点こそが、シルベリー・ヒルが当時の社会で果たした役割や意味についての長い議論を呼んできた。たとえば、エーヴベリー、ウィンドミル・ヒル、ウェスト・ケネットなど、近隣の記念物のどこからでも見えることから、仰ぎ見るための神聖なランドマークだったという説がある。そうかと思うと、限られた人だけがその高い頂上に立つことにより、権威を演出するための舞台だったという説もある。本当のところはわからない。今は厳重に保護されて登ることなどはできないが、一九世紀には頂上でクリケットの試合が行われたという記録がある。

調査で見つかったわずかな有機質の放射性炭素年代によれば、紀元前二七五〇年ごろから数百年間をかけて今の形にできあがったらしい。ウィンドミル・ヒルのコーズウェイド・エンクロージャーやウェスト・ケネットの石室が使われていた時代の後半に築造が始まり、エーヴベリーのヘンジを中心に歩みと巡りの儀礼が行われるようになった頃に完成したということになろうか。

†「非文明型」社会の本質

この章では、私たちの「文明型」社会とはまったく異なる「非文明型」の社会がどのようなものであったか、まずはその端緒をつかもうとして、エーヴベリーを中心に、新石器時代を代表する四種の記念物を概観した。

私たちの文明においても、記念物に類するものはある。長い時間をかけ、多くのコストを集め、景観を支配する大規模建築を記念物とよぶとすると、高層ビル、高速道路、ダムなどはそれに当たるだろう。しかし、それらはおのおの、経済活動、交通、水の管理や利用といった物理的な役割のために作られ、そのために機能しているという点で、この章で見てきた新石器時代の記念物とは異なっている。

物理的でなく、精神的な役割のために機能するという意味で新石器時代の記念物に近いのは、寺社や教会のような宗教的施設である。いわゆる新興宗教の施設には、びっくりするほど大きなものもある。ただし、これら宗教の施設は、「文明型」社会においては、ごく一部の人がそれぞれ特定の個人的機会に使うのみで、つながりや関心をまったくもたない人も多い。これらの施設が、家族や社会のつながりを保つ働きまでも一手に引き受けているというようなことは、現代の「文明型」社会ではありえない。

この点において、新石器時代の記念物は、現代の宗教の施設とは大きく違う。見てきたように、超自然的存在―神―と交わったり、生死の境を行き来したり、自分たちの領域を主張したり、部族のきずなを確かめたりするための、いわば心の働きを呼び起こす施設に、彼ら彼女らは、持てる時間と労力、技術と知識の大部分を注ぎ込んでいたのである。「文明型」社会とは異なる「非文明型」社会のエッセンスが、それら新石器時代の記念物にはあるといえるだろう。その変化や発展の過程をつかみ、「非文明型」社会の歴史像に迫るために、次の章ではブリテン島各地の新石器時代記念物を旅してみよう。

第二章
死者世界を旅する

ティンキンズウッド石室憤

1　ロング・バロウの世界

†エーヴベリーからの旅立ち

ブリテン島と日本列島の先史時代を比較し、同じ人間の文化としての共通性と、洋の東西を隔てて今の日英両国の文化の差に至った個々の特性とをそれぞれに腑分けする。これが本書の目的である。そのためには、二つの地域がともに、文明型の周辺に生じた非文明型の社会であったことを前提として、まずはその共通性を丹念に探り出しておかなければならないだろう。

非文明型社会のエッセンスは、物理的な生産活動ではなく心理的な精神活動のために働く舞台や建造物を生み出していくことにある。前章では、ブリテン島の新石器時代に花開いた非文明型社会――先ケルト――が残したそのような舞台や建造物のうちでも、最高のサンプルが揃った英国南部のエーヴベリー周辺を訪ね、代表的な記念物四種のサンプルともいうべき遺跡を見て、その形や意味の基本に迫ってみた。

今ここでそれをまとめておくと、気候の寒冷化と資源の目減りという厳しい環境のもと、ふだんは家族単位に分散して生計を保つほかはなかった人びとが、めぐる季節の中の定められた月日に集まって協業し、祈りをともにしてきずなを強め合う舞台として、各種の記念物は営まれていたらしいことが見て取れた。生きる者同士だけではなく、そこはまた、死せる肉親や祖先とも巡りあってきずなを再確認し、同じ父祖から血を分けた同胞としての部族のまとまりを演出する場所でもあっただろう。個人にとっては、そこに属する自己を意識し、安心や誇りを得て、厳しい環境を生き抜くためのメンタルなよりどころとなっていたにちがいない。

しかし、そういう考察をさらに確かなものとし、「先ケルト」ともいうべき当時の人びとの思考や世界観により深く分け入って新石器時代の社会を理解するためには、もっと場数を踏まなければなるまい。考古学は、どれだけ遺跡を歩いたかが勝負の学問である。エーヴベリーのある南部だけではなく、西のウェールズ、北のスコットランドといった、ブリテン島の中でも気候風土が大きく違う地方の新石器記念物も歩き回ってみることで、そんな目的に近づいていけるはずである。

この章ではまず、前章で概説した記念物四種のうちの二種、ロング・バロウの石室とストーン・サークルに的を絞って、エーヴベリーから西へ北へとそれらを訪ねてみよう。この二種はそれら遠方の地方にもたくさん広がり、しかも地域的な個性が豊かで歴訪しても飽きないからである。具体的には石室を追ってイングランド南部から西のウェールズを経て北上し、スコットランドを目指したい。

†丘陵の石室墳

さきほど訪ねたウェスト・ケネットのロング・バロウは、ブリテン島最大の石室墳であった。だが、これに劣らぬ魅力やインパクトを放つ石室墳が、主としてそこから西の地域に散らばっている。おもな分布域は、ブリテン島の中南部を占めるコッツウォルズの丘陵から、その西北麓を流れる英国最長の大河・セヴァーン川（長さ二位はテムズ川）の流域にかけてである。まずはエーヴベリーから西へ、コッツウォルズに向かって車を走らせよう。

コッツウォルズは、森と牧草地が広がったイングランドの伝統的景観がもっともよく残されている地域といわれ、日本人も含めて多くの観光客が訪れる場所である。名物の一つは、丘陵を縫って流れる小川で捕れる（近年は養殖が多いようだが）マス。バイブリーという村がその料理で名高い。魚に舌の肥えた日本人がこれを絶賛する声はそんなに聞かれないけれど、濃い黄色の石灰岩（「蜂蜜色の石」）で作った家々が緑の中に立ち並ぶ風景には、確かに心ひかれる。

一般客がほとんど訪れない考古学上のコッツウォルズ名物は、この丘陵と麓の川の名にちなんで「コッツウォルド・セヴァーン群」と呼ばれる一群の石室墳である。第一章で訪ねたウェスト・ケネットも実はその一例で、分布域の東端近くに位置している。したがって、コッツウォルド・セヴァーン群の特徴についてはウェスト・ケネットを思い出していただければいいのであるが、おさらいの意味でざっと並べておこう。

まず、墳丘は、平面が細長い長方形となるロング・バロウである。ただ、長方形のどちらかの短辺が一方より少し長いので、正確には「極端に縦長の台形」ないしは「くさび形」とでもいったほうがよい。この台形の長いほうの短辺が、両端から中央に向かって吸い込まれるように弧を描き、その奥まったところに石室が口を開く。つまり、石室の前に漏斗《ろうと》形の平面をもった前庭が作られているのであり、この前庭からしばしば火を焚いた跡や土器のかけらが発見される。ここで「墓前祭祀」のような行為がおこなわれていた可能性が高い。ウェスト・ケネットの石室前の巨石は、この前庭を覆い隠すように立て並べてあった。

石室は、ウェスト・ケネットでみたように、中央をまっすぐな通廊が貫き、その両側壁に何対かの小部屋（側室）が開く。ウェスト・ケネットには側室が二対あったが、一対から三対までの各例が知られている。通廊の突き当たりがわずかに広くなって奥室となるが、ない場合もある。このような石室の平面形は、中央の通廊を軸に、側室の対を横木に見立てて、しばしば「クルシフォーム（十字架形）」と表現される。

以上のように、コッツウォルド・セヴァーン群とは、漏斗形平面の前庭に開口する十字架形の石室をもったロング・バロウのことである。いくつかの実例を訪ねてみよう。

†十字架形石室の好例

コッツウォルド・セヴァーン群のもっともわかりやすい実例は、コッツウォルズ丘陵の西南端、ローマ時代の浴場の遺構で有名なバースの近郊にあるストーニー・リトルトンである。墳丘は長さ三〇メートルとウェスト・ケネットよりもずっと小さいが、三対の側室が付いた長さ一三メートルの石室はひけをとらない（図2-2左側）。薄い板石の平積みで

図2-1　ストーニー・リトルトンの石室の入り口と前庭

縁どられた漏斗形の前庭もよくわかる。石室入り口左手の石にはアンモナイト化石の陰刻が残っていて、当時の人びともまたその形に興味をもっていたことがうかがえる。これを何だと考えていたのだろうか、興味はつきない。

アンモナイトと反対側の石積みには、後世の文字版がはまっている。もとは壊れていた石室を、付近の領主が一八五八年に元通りに復元したと記してある。また、当時はこのような石室墳が「ケルト」の遺構だと考えられていたことも、その記述から知られる。ただし実際には、これまでに触れ、後でも詳しく述べるように、こうした石室墳は、いわゆる「ケルト」の時代よりもはるかに古くさかのぼった「先ケルト」の産物である。

今度は北に車を向け、コッツウォルズ丘陵の西辺に沿って北上しよう。五〇キロメートルほど走った丘陵のへり、セヴァーン川の広い河谷を見下ろす場所に、ウリーの石室墳がある。墳丘の全長は三七メートル。漏斗形の前庭の突き当たりは通路状に奥まり、そこに開口する石室は長さ七メートルで、二対の側室をもつ（ただし右側の二つは埋められている）。一八世紀に二度にわたって発掘され、合わせて二三、四体分の人骨が出土した。別名をヘティ・ペルガーズ・タンプといい、これは一七世紀にこの石室墳を所有していた地主の妻の名前に由来するという。近くには鉄器時代の巨大なヒルフォートがあるので、あとでまたここへは帰ってくることになる。

†日本人考古学者の疑問

ウェスト・ケネットに始まってストーニー・リトルトン、ウリーと見てくれば、コッツウォルド・セヴァーン群の石室墳については、あらかた理解できたつもりになってくる。だが、それはまだ早い。この群の中には、一筋縄ではいかない奇妙な例が混じっているのである。

ウリーからさらに北西へ、コッツウォルズ丘陵のへりに沿って四〇キロメートルほど車を走らせたところにその石室墳はある。名前はベラス・ナップ。「車上ねらいに注意」との警告が貼られた谷あいの駐車場に車を停め、急な山道を上がること約一〇分で見えてくるのは、すでに見慣れたロング・バロウの墳丘である。長さ五四メートルの墳丘の短辺には平面が漏斗形の前庭があり、奥まった真ん中に大きな石の門柱とそれにかかる梁によって石室の入り口が作り出されているのは、「お約束」通りかな、と一瞬思う。

だが、近づいてよく見ると、門柱と梁に囲まれた真ん中には、入口に当たるべき空間が開いていない。その部分は、前庭の左右の壁と同じく、板石の平積みで埋められている。発掘してみたところ、この奥には何の空間もなかった。形だけの、偽入り口（フォース・エントランス）なのである。

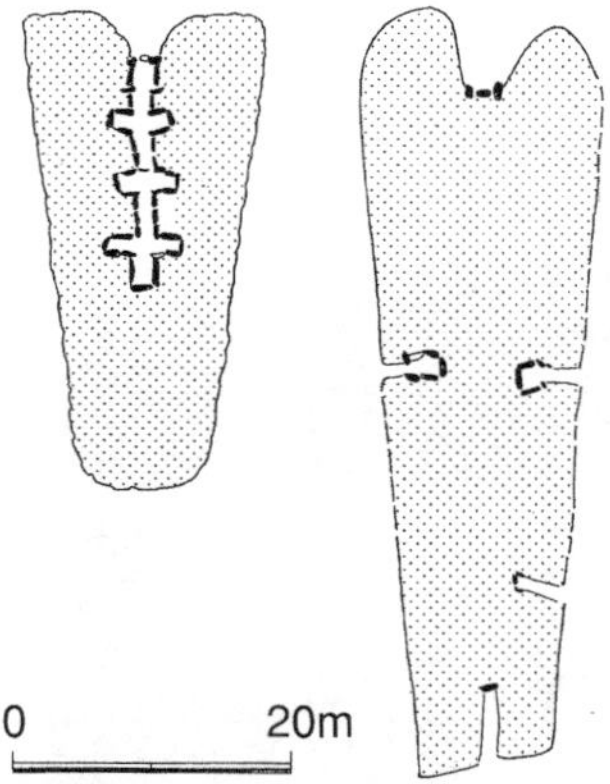
図2-2　ストーニー・リトルトン（左）、ベラス・ナップ（右）

では、遺骸や遺骨を納める石室はどこにあるのだろうか。墳丘の周りを歩いてみれば、それはわかる。偽入り口に向かって左側の側

図 2-3　ベラス・ナップの石室偽入り口と前庭部

辺に二ヵ所、右側の側辺に一ヵ所、反対側の短辺に一ヵ所、全部で四つの石室の入り口がそれぞれ開口している。いずれも、平面が方形の単純な小石室である。墳丘や前庭の形は同じでも、石室に関していえば、これまで巡ってきたコッツウォルド・セヴァーン群の諸例とは、大きく異なっている。

だが、考え方の焦点を少し変えてみると、その配置が、通常のコッツウォルド・セヴァーン群のそれを「象徴化」したものであることに気づく。つまり、本来は石室の入り口からまっすぐ伸びる通廊が中心軸をなし、そこから左右に側室が振り分けられている。対してベラス・ナップでは「偽入り口」で観念上の中心軸が示され、左右の側室は墳丘の両側面に配置されている。中心の軸から左右に振り分ける、という配置の原則は等しい。

ということは、前庭部に本物の石室が開くウェスト・ケネットやストーニー・リトルトンやウリーなどのようなタイプがまず存在し、それを象徴化したベラス・ナップみたいなタイプが後から出現した、と判断するのが普通だろう。だが、新石器時代を専門とする英国の考古学者の多くは、反対の順序を考えている。なぜならば、石室や前庭から出た人骨や炭化物の放射性炭素年代を測定した結果、ベラス・ナップの年代は紀元前四五〇〇年頃で、紀元前三〇〇〇年代とされるウェスト・ケネットなどよりも明らかに古いと判断されたからである。

「偽入り口」の造作の方が本物の石室よりも先行するなどということが、はたしてあるのだろうか。まず本物の石室が先に存在して初めて、それを真似た「偽入り口」が成立するのではないのか。このように、物の形同士を見比べ、どれがどう変化してどれになったのかを合理的に説明して新古の序列を決めるのが、「型式学(タイポロジー)」という考古学の基礎的方法論である。日本の考古学者はこれを最重視し、そこから導き出した物の新古の序列に具体的な年代数値を割り振るときだけに、放射性炭素年代法などの理化学的手法を使う。英国の考古学者の大半は逆で、型式学はほとんど顧みず、新古の序列を決める当初の段階から放射性炭素年代法に頼る。

実は、かつては英国の考古学者も型式学を用いていた。だが、それを信用しなくなった事情があるのである。この事情（「放射性炭素革命」）については、それと密接にかかわる遺跡を訪ねたときに委細を語ることにしよう。

2 巨石と図文

†ウェールズのパワー・スポット

コッツウォルズの丘陵をかけ下り、西のふもとを流れるセヴァーン川を越え、それに注ぐ小さな支流のワイ川を渡ると、イングランドからウェールズに入る。古代以来、長く独立を守った地域だが、一三世紀にイングランド王国の支配下に呑み込まれた。ただし、英語とはまったく異なるウェールズ語が併用されるなど、地域のアイデンティティは現在でも強い。地形も山がちで、平たく緩やかなイングランドとは違う景色が広がる。

ウェールズはまた、石室墳のスタイルも個性的である。代表格は南西部のペントレ・イヴァン。長さ五メートル、幅二・四メートル、厚さ九〇センチメートル、重さ推定一六トンという、亀甲状の円盤を伏せたような形の巨岩が、二等辺三角形に配置された三本の立石に支えられて二・五メートルの高さに持ち上げられている。

地球という重力環境の中で進化した私たち人類（ホモ・サピエンス）は、大きく重たいものが小さく軽いものよりも上方にあるのを目にしたとき、等しく不安定感を覚え、その背後に「力」を連想する。認知心理学では、このような生得的身体感覚に根ざした心の働きを「イメージ・スキーマ」という。「パワー・スポット」の形態は、このイメージ・スキーマによる心の働きと密接に関連している場合が多い。ペントレ・イヴァンはその最たるものである。

高く持ち上げられた亀甲状の円盤の下の空間が、実は、遺骸を置いた石室だった。それを支える三本の立石のうち、二等辺三角形に置かれたその「底辺」をなす二本が石室の門柱で、「頂点」の一本が奥の壁だったのである。門柱の間にはさまった幅広の石は、石室を閉塞した扉に当たる。また、今は何もなく広く開いてしまっている石室内の両側面には、もとは板石を平積みにした壁があったと考えられている。

図2-4　ペントレ・イヴァン

本来この石室は、長い墳丘で覆われていたらしい。しかも、その一方の短辺が湾入した前庭となり、湾入の中央最奥に、いま見える門柱状の入口があったのだという。門柱に向かって右側には二つの巨石が並んで立っていて、よく見るとその並びは門柱を包み込むような弧を描いている。もとは、この二つのさらに外側（右側）にも、また門柱の反対側（左側）にも、さらにいくつかの巨石が弧を描いて立ち並び、湾入する前庭の壁を構成していたのであろう。

つまり、ペントレ・イヴァンもまた、これまでに見てきたコッツウォルド・セヴァーン群と同じ形のロング・バロウであり、ただその石室の形だけが違うということになる。五〇〇〇年以上という長い年月の間に墳丘は失われ、巨石の間を埋めていた板石平積みの壁やいくつかの巨石さえもなくなって、いまは骨組みだけが残ったというわけである。第二次世界大戦をはさむ二回の発掘調査で、墳丘の裾を画していたとおぼしき石の列のごく一部が発見された。

†巨石をめぐる論争

ペントレ・イヴァンと同じ形をした石室墳は、ウェールズの西海岸沿いと、ブリテン島南西端のコーンウォール半島に分布している。好例として探訪をお勧めしたいのは、ウェールズ北西部のマイン・イ・バルズとコーンウォール半島先端近くのラニョン・クオイト。いずれも、円盤状の巨石を三本の立石が支えて持ち上げている。

この形があまりにも特徴的かつ印象的なので、遺跡や古代の愛好家の中には、これらは石室などではなく、もとからこの形を目指して作られた巨石記念物ではないかという主張が多かった。学界の大半は石室墳だと説明してきたのであるが、近年、専門の研究者の中にも、愛好家の主張に賛同する論文を書く人が出てきた。上に載る円盤状の巨石は石室の天井としては不必要に大きいこと、石室といわれる部分から人骨が出土した例がほとんどないこと、などがその根拠だという。

しかし、私はやはり、これらを石室墳だと考える。ほぼ同じ構造で墳丘をもち、中からたくさんの人骨を出した例があるからである。その一つはウェールズ南岸の州都カーディフの近くにあるティンキンズウッド石室墳で、長い墳丘と漏斗形平面の前庭をもつ点から、コッツウォルド・セヴァーン群の分布域西端近くの一例とされてきた（本章扉の写真）。だが、石室の形はコッツウォルド・セヴァーン群とはまったく異なり、円盤状の巨石を立石が支えるペントレ・イヴァンなどにごく近い。しかもその天井をなす円盤状の巨石は、長さ七・三メートル、幅四・三メートル、重さ推定三五トン。ペントレ・イヴァンのそれをはるかにしのぎ、ブリテン島最大といわれる。一枚の巨石を持ち上げて天井とするのがペントレ・イヴァンのような型式の石室の特徴であるとするならば、ティンキンズウッドはむしろその典型といってもよい。

こうした型式の石室は、「門状支石墓（ポータル・ドルメン）」と呼ばれている。ウェールズとコーンウォール半島のほか、アイリッシュ海をはさんでそれらの対岸に当たるアイルランドにも分布する。門状支石墓は、このように、アイリッシュ海南部両岸で固有に発達した新石器時代記念物の一類型だということができる。その東側、ブリテン島内陸部には、さきほどからみてきたコッツウォルド・セヴァーン群の分布域が広がる。つまり、ブリテン島各地域で独自の個性をもった石室墳が発達し、それらの分布域が肩を並べあっていたようすがみられるのである。

†臨死体験と石室墳

ただし、ウェールズにはもう一つ、いま述べた門状支石墓とは異なった形の石室墳も同時に分布している。その代表は、ウェールズ北西隅のアングルシー島にあるブリン・ケシ・ジ石室墳である。

これまでにたくさん見てきたロング・バロウと違って、墳丘は円形で、周囲に空堀が巡っている。墳丘の裾を縁どるように石が円く立て並べられていて、その列の切れ目から墳丘を掘り込んだ通路が伸び、石室入口へと導く。人一人がやっと通れる細い通路を五メートルほど進むと、やや天井が高く、平面がゆがんだ五角形に広がった奥室に達する。日本の古墳の横穴式石室における、羨道と玄室の関係と同じである。このような、細い羨道の先に広い玄室が付くというスタイルの石室墳は、「羨道墓(パッセージ・グレイヴ)」と呼ばれている。

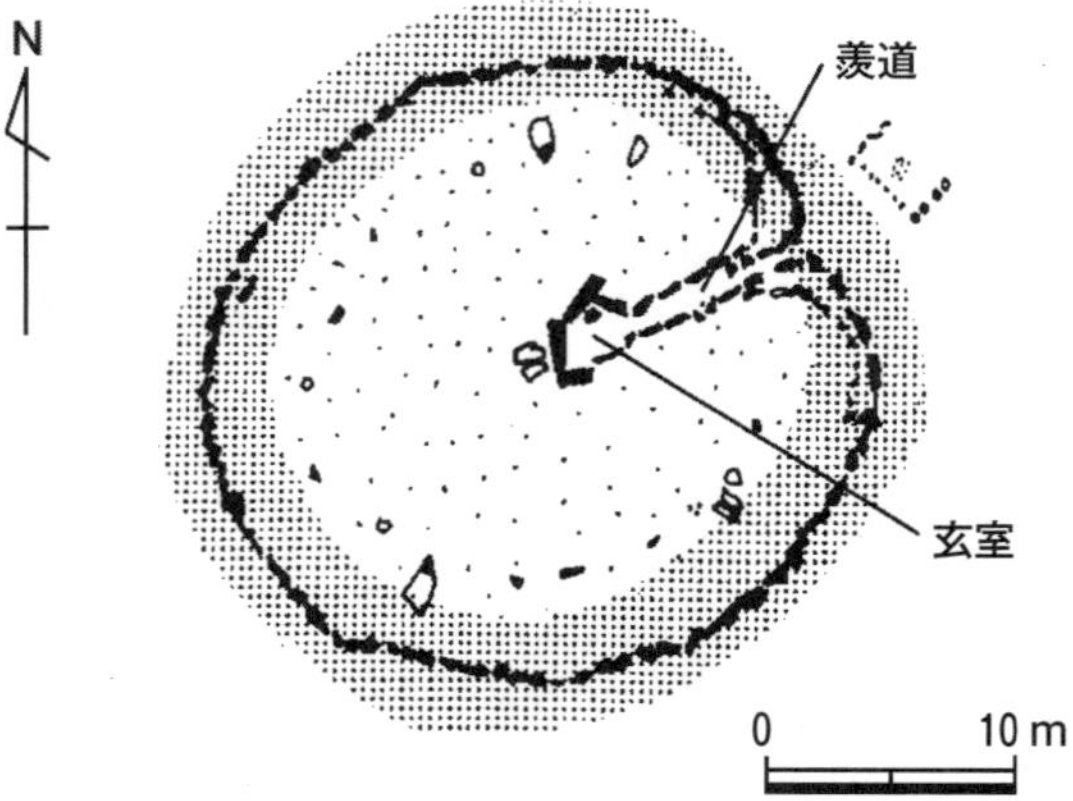

図2-5　ブリン・ケシ・ジ

羨道墓の中には、その羨道や玄室の壁石に、刻線や打刻（壁石の表面をより硬い石で叩いたりこすったりして線を描く技法）によって図文を描き出すものがある。ブリン・ケシ・ジから車で二〇分ばかり西へ走った海岸沿いにあるバルクロディアド・イ・ガウェス石室墳。今は人工のドームで保護されている。近くの雑貨屋で借りられるようになっている鍵を開けてドームに入ると、壁と天井を失って最下段の石組みしか残っていないけれども、細い羨道と広い玄室からなる羨道墓の形はかえってよくわかる。その石組みを構成するいくつかに、打刻による図文が施されている。

もっとも明瞭なのは、羨道が玄門にとりつくところに門柱状に立てられた一対のうち、奥に向かって右側の背の高い石。中央に二重線で描かれた菱形が上下に配置され、その左右には中央の菱形に向き合うように二重線の三角形が並ぶ。上方にはジグザグの線が重ねられている。もう一つは玄室に入って左手奥の低い石。上下二段に重ねられた渦巻文が五、六個ほど確認できる。ほかにもいくつかの石にうっすらと図文が見える。この種の装飾石室の本場ともいえるアイルランドには、有名なニューグレンジを始めとして見事なものがいくつもあるが、ブリテン島ではこれが随一の例となる。

これら羨道墓の図文について、神経認知考古学という、脳の臨床的知見やその理論を用いて過去の遺物を解釈する方法から、興味深い説が示されている。南アフリカ出身の神経認知考古学の先駆者デイヴィッド・ルイス＝ウィリアムスによると、バルクロディアド・イ・ガウェスの渦巻やジグザグ、アイルランドの羨道墓に見られる格子やドットなどの図文パターンは、脳が通常の覚醒状態を離れて「変性意識状態」となったときに見えると感

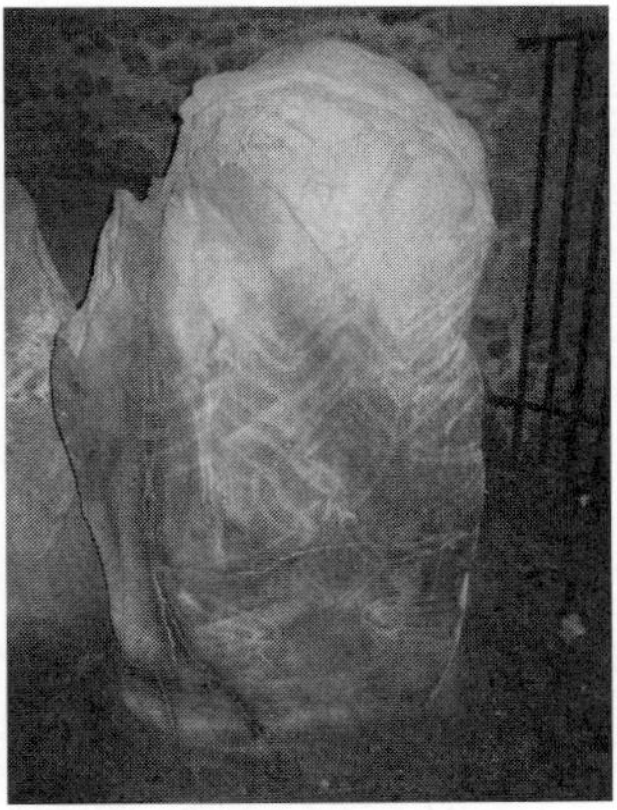

図2-6　バルクロディアド・イ・ガウェスの図文

じる図形に由来するという。この意識状態は、ドラッグの作用によって引き起こされる。したがって、羨道墓を作り出した新石器時代の宗教はこの意識状態と密接に関連し、それはドラッグの成分を含んだ植物の摂取や吸引によってもたらされていたのではないか、と考えられている。

こうした意識状態はまた、いわゆる臨死体験の際の脳の状態とも共通する。何らかの機会にそれを知った人びとが、生と死の境目でくぐる知覚体験を再現したのが羨道墓の図文だったという解釈もある。そういえば、その暗くて長い羨道は、臨死体験でよく語られる「トンネル」のイメージとも重なる。生と死の往来、あるいは生者と死者との「会所」を、当時の人びとは羨道墓という形に表現しようとしたのだろうか。石室墳を営んだ「先ケルト」の宗教や世界観には、そのような内容が含まれていたのかもしれない。

3　北への旅

†森と入り江の石室墳

ウェールズからアイリッシュ海を北上すると、右手にイングランドの西海岸を望みながら、スコットランドの南西岸に到着する。このあたりは、太古に氷河が削り出した谷に海水が湾入し、「ロホ」と呼ばれる細長い入り江（同じ氷河の作用でできた湖も同様に「ロホ」という）が、複雑な海岸線を作っている。平地は少なく、針葉樹の深い森がロホの水面に影を落とし、同じ山がちの地形ながら、ウェールズとはまた異なった独特の風光が美しい。

アイリッシュ海から切れ込んでくるもっとも大きな入り江がクライド湾である。この湾一帯にも、独特の形をした石室墳が発達している。湾の名をとって「クライド群」とよばれるこれらの石室墳の墳丘は、多くがロング・バロウである。ただし、山がちで石の豊富なスコットランドでは、土ではなく石で墳丘が構築されたものが多く、通常は「ロング・ケルン」（長形積石塚、現地の発音は「ケルン」ではなく「ケアーン」に近いが、日本での通常の表記に合わせて「ケルン」と記す）と呼ばれる。

コッツウォルド・セヴァーン群と同じく、石室の入り口前には湾入した前庭がある。異なるのはその平面で、コッツウォルド・セヴァーン群が漏斗形に外湾する弧を描いてすぼまる形であったのに対し、クライド群は内湾する弧を描いて半月形になる。

クライド群の最大の特徴は、石室の形態である。幅は一メートル内外、長さは三〜五メートルほど、入口から奥まで同じ幅で続いている。注目すべきは、その細長い床面が、およそ一メートルおきくらいに、高さ十数〜数十センチメートルの高さに飛び出した敷居状の石によって三〜五つに仕切られていることである。言いかえれば、床に約一メートル四方の箱が三〜五つ連なっている形になる（図2-8）。

そういえばコッツウォルド・セヴァーン群の石室には、何対かの側室が作られていた。クライド群の箱の仕切りも、おそらくそれと同じようなものであろう。すなわち、石室墳を営んだ部族を構成する家族ごと、あるいは年齢や性別ごと、もしくは社会的な役割ごと、などといったような一定の規範に従って、遺骸を分け置くためのこしらえだった可能性が強い。

†部族と石室墳

この種の石室墳がたくさん集中するのは、クライド湾に浮かぶアラン島（セーターで有名なアイルランドのアラン諸島とは別の島なのでご注意）である。長さ三〇キロメートル強、幅一五キロメートルほどの小判形をしたこの島は、北半部は岩山に覆われ、森林や耕地は南半部に多い。人口も南に集中し、約五〇〇〇人。興味深いことに、新石器時代の石室墳も大半が南にある。一七基ほどがほぼ等間隔で海岸や川沿いに分布し、一基だけが内陸の山間にぽつんと離れている。

先に触れた英国考古学の放射性炭素革命を主導し、後に認知考古学の樹立者の一人としても名をはせたコリン・レンフルーは、これら一八基の石室墳のそれぞれが一つの集団――「部族」のような――のテリトリーを表示していると考えた。つまり、この島の新石器時代には、海岸に一七、内陸に一つの部族が割拠していたというわけである。

これらの部族は、森林の間を流れる小さな川沿いの耕地でムギなどを栽培し、ヒツジやブタを飼って暮らすいくつもの家族から成り立っていたらしい。資源が薄く、縄文時代のように集まって生活することは難しかったため、各家族は、共通のテリトリーの中の別々の場所で暮らしていた。夏至や冬至などの季節の節目、あるいはその他生活にかかわる重要な日が来たり、ある家族に死者が出たり、隣接する部族からテリトリーを守る必要が生じたときなどに、部族を構成する全家族が集まり、祭りの行為や、対決への備えをおこなって部族のきずなを確かめただろう。そのための場所として、先祖が眠る石室墳が重要な

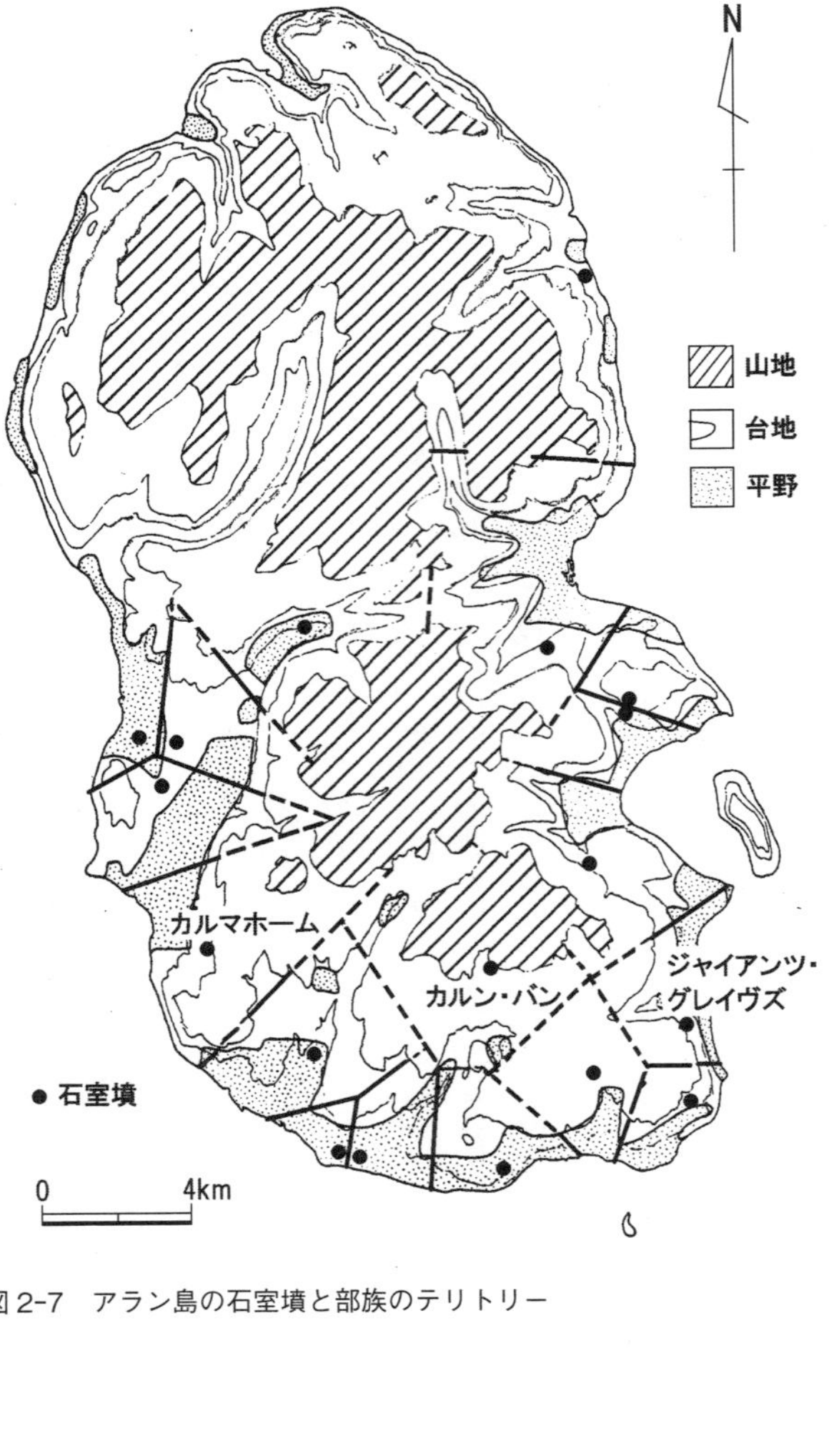

図 2-7　アラン島の石室墳と部族のテリトリー

役割を果たしたことは想像に難くない。

島でもっとも立派な石室墳は、一八基のうち一つだけ内陸にあるカルン・バン石室墳で、墳丘の長さが三〇メートルのロング・ケルンである。内陸の一部族が、海岸の一七部族に対して何か特別な地位にあったことの反映かもしれない。針葉樹の深い森に囲まれ、緑の草に覆われて横たわる姿は美しく、海岸の町から徒歩で往復半日を費やして訪ねる価値はあるが、残念ながら石室は発掘調査後に埋め戻され、今は見ることができない。

クライド群の石室を見ようと思えば、島の南東隅にあるジャイアンツ・グレイヴズ石室墳が行きやすい。ただ、石室の上半部と墳丘は失われ、巨石で組まれた最下段が独特の威容をみせるのみである。石室の残りがもっとも良いのは、スコットランド本土に渡ったキルマーティン渓谷にあるネザー・ラージー南石室墳。一部復元されているが天井も残り、床面の仕切石のようすもわかりやすい。墳丘は円形で、クライド群としては珍しい。

なお、アラン島の石室墳一八基は、一基を除けばみなクライド群に属し、例外の一基は、ウェールズでみたブリン・ケシ・ジやバルクロディアド・イ・ガヴェスと同じ羨道墓である。島の南西部にあるカルマホームというその石室墳を、私も苦労の末に探し出したが、とても小さくて残りも悪かった。なぜ、この一基だけ種類が違うのか、レンフルーはそれ

図 2-8　ネザー・ラージー南の石室

について言及していないが、これのみ年代が異なる可能性などもあるので、さきほど推測した、並び立つ部族群の石室墳の候補からは外したほうがよいかもしれない。

†荒野の積石塚

スコットランドをさらに北上しよう。「ハイランド」とよばれるスコットランドの北部は、いま歩いてきた南西部とはまた違った風景が広がる。森林はぐんと減り、ヒースとよばれる野いばらの原や泥炭地の荒野がどこまでも広がっている。夏は夜半過ぎまで明るいが、冬は午後二時台に暗くなり始める。夏に出かけるのと冬に訪れるのとでは、一日に回れる遺跡の数がゆうに三倍は違う。冬は午後三時前には遺跡をあきらめ、ベッド・アンド・ブレックファストとよばれる民宿に戻って、土地で醸されたシングルモルトのスコッチ・ウィスキーを相手に翌日午前九時近くの夜明けを待つほかない。素敵だと感じるか、暗くて殺風景だと思うか、冬のハイランドは旅行者の好みが分かれるところでもある。

ハイランド旅行の起点は、西岸の古都インヴァネスが良い。怪獣で有名なネス湖に発して北海に注ぐネス川の河口に臨む美しい街である。ロンドンを夜遅く出る寝台特急に乗れば、早朝に着く。レンタカーを借り、右手に北海を見ながら延々北上すること三時間、ブ

図2-9　カムスター・ロング・ケルン

リテン島の北東端を占めるケイスネス地方に入る。ライブスターという海辺の町の少し先を左に折れて内陸に入ると、見わたす限りのヒースの茶色な原野の中に浮かんでいるのは灰色の積石塚、カムスター墳墓群である。

墳墓は二つあり、一つが積石で作ったロング・バロウ、すなわちロング・ケルン、もう一つが円形墳。ロング・ケルンは長さ五六メートルと大きい。長いほうの短辺が凹んで前庭になるのはブリテン島のロング・バロウに通底する特徴である。だが、このカムスターの場合は、凹みよりもむしろそれを左右から抱く部分を角のような突起として作り出す造作に、主たる意図があるように見える。しかも奇妙なのは、長いほうだけでなく短い方の短辺にも、同じような角状突起とそれに抱かれた前庭がある点だろう。さらに不思議なことに、長辺側も短辺側も、前庭の中央部には石室は開口しない。ベラス・ナップのような偽入り口もない。

では、石室はどこにあるのだろうか。それは墳丘の片方の側辺に二つ、一五メートルほどの間隔を開けて並んで口を開けていて、もう片方の側辺にはない。左右に振り分けるというコッツウォルド・セヴァーン群の原則は、象徴的にすら、ここには適用されていないのである。

†死者の長屋

その不思議な配置の意味を探るために、石室に入ってみよう。まず、向かって右側の「東石室」。高さ六〇センチメートルというきわめて細い羨道がまっすぐ五メートル延びる。そこで右方向に「く」の字に曲がり、さらに二・五メートル進んだところでようやく玄室にたどり付く。左側の「西石室」も、石室の規模に対して羨道が長い。いずれも、細長い羨道が少し広い玄室に取り付くという間取りである。羨道墓の部類に属する。

発掘調査でわかったところによると、この二つの石室は紀元前三〇〇〇年ごろに築かれ、当時は別々の墳丘をもっていた。つまり、小さな円形の石室墳が二基並んでいたのである。その後、二基を包み込むようにして現在見られるロング・ケルンが築かれた。東石室の羨道の屈曲点は、ロング・ケルンを築くとき、もとの円形墳時代の羨道の入口から先を継ぎ足した境目だったのである。コッツウォルド・セヴァーン群の左右振り分け原則から外れ、墳丘の片方だけに石室が口を開けることの原因も、それで説明できる。同じ方向に石室の口を開けて並ぶ二つの石室墳が、一つの長い墳丘にそのまま取り込まれた結果なのであった。

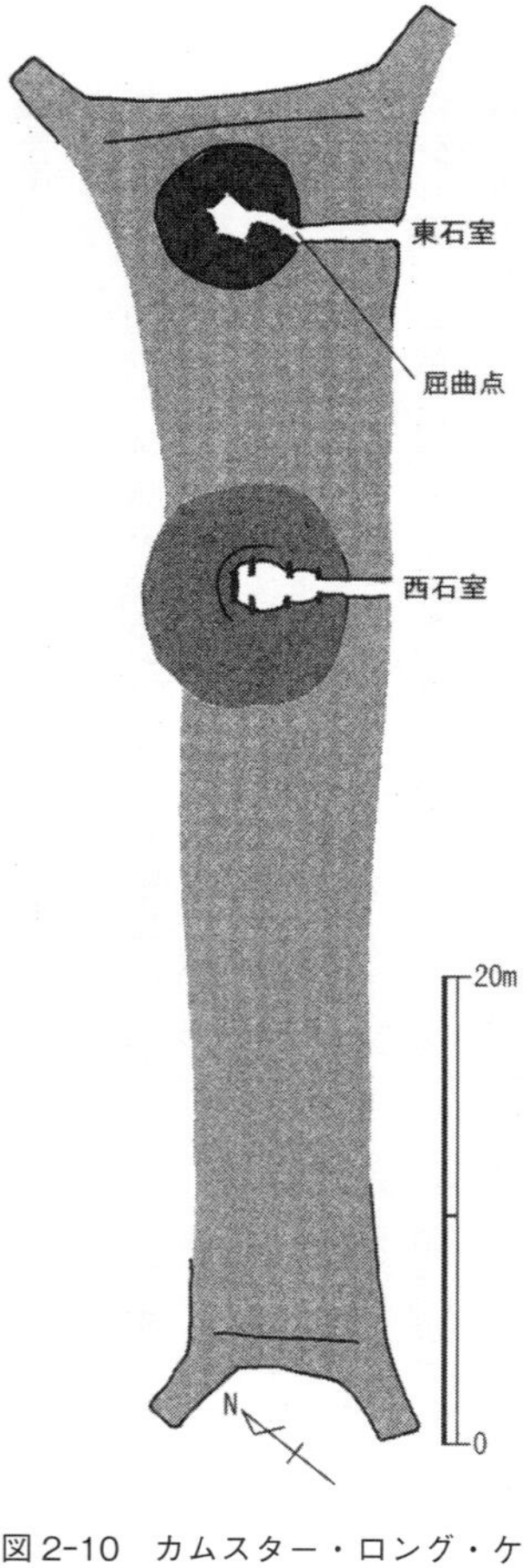

図2-10　カムスター・ロング・ケルン

先に小さな円形の石室墳があり、それを包み込むように長い墳丘を築く例は、実は南部のコッツウォルド・セヴァーン群の中にもある。コッツウォルズ丘陵にあるノットグローヴのロング・バロウ、分布域の東端をなすオックスフォードシャーのウェイランズ・スミシーのロング・バロウなどがそれの例で、いずれも発掘調査で確かめられた。ブリテン島では、まず円形の石室墳が現れ、その後しばらくしてからロング・バロウと呼ばれる長い墳丘を築く習わしがもたらされたらしい。円形の石室墳を、しばしばロング・バロウに「改築」しているのである。

では、ロング・バロウのルーツは何だろうか。物の形の背後に象徴的な意味合いを見出すという新しい考古学の視点を開いたことで著名な英国のイアン・ホダーやリチャード・ブラドレイらは、ロング・バロウの形は、新石器時代のヨーロッパ一円で行われていたロング・ハウス、すなわち長屋形の大型住居に由来すると説く。つまり、ロング・バロウは死者の住まいであり、それは生者の住まいと同じ形に作られた、ということになる。

長屋の形に墓を作ることがヨーロッパの大陸からブリテン島の東部に伝わった当初、そこでは石材が少なかったため、代わりに木材で墓室がしつらえられた。その入り口の前には、しばしば、石室の場合と同じように平面が漏斗形の前庭がある。このようなロング・

バロウの木室や前庭が、石材に恵まれたブリテン島西南部に伝わったとき、ふたたび木の代わりに石で作られるようになった。これが、コッツウォルド・セヴァーン群のロング・バロウだったのである。

死者の住まいを象徴するロング・バロウの思想は、ブリテン島のさらに西や北に伝わり、ウェールズの門状支石墓やスコットランド南西部のクライド群の石室を包む墳丘としても採用された。それがもっと北に至り、もともとあった二基の石室墳を一つの墳丘に包む形となったものが、カムスターのロング・ケルンだと考えられる。

†在地化した羨道墓

カムスターのロング・ケルンの東石室が、玄室に羨道が取り付くという羨道墓の部類に属することは、前述のとおりである。羨道墓は、ウェールズにもあったし、一基だけではあるがアラン島にも足跡を残していた。アイリッシュ海に面したブリテン島の西海岸沿いに、羨道墓は南方から北上して伝わってきたものだろう。

西石室も羨道墓だが、東石室にはない特徴がある。玄室の中に、左右の壁からパネル状の大きな板石が二対突き出し、それによって玄室が、前・中央・奥の三つのパートに分かれているのである（図2-10）。この特徴は、もともとの羨道墓の伝統の中にはない。この地方で固有に生み出され、南方から伝わってきた羨道墓に付け加えられた特徴だと考えられる。ロング・ケルンの隣にある円形墳の石室も、同じ特徴をもっている。

こうした特徴をもつ石室は「オークニー・クロマーティ型」と呼ばれ、この地方にたくさんみられる。カムスターから東へ五キロメートルほどの海岸沿いにあるガリーウィン石室墳もその例である。ただ、玄室に突き出したパネル状の板石はわずかに一対なので、玄室が前と奥の二つに分かれるにすぎない。この石室墳は天井を失っているので、かえって構造をよく観察できる。墳丘は、カムスターのロング・ケルンと同じように、前にも後にもそれぞれ角状突起が付くが、墳丘自体が短くて正方形に近いので、あたかも正方形の四隅に突起があるように見える。弥生時代後期の山陰地方を中心に発達する「四隅突出型墳丘墓」によく似た例としてときどき紹介されるため、日本では少し有名な遺跡だが、もちろん他人の空似である。

パネル状の板石の数が反対に多く、三対以上ある例もケイスネスには知られているが、残りの良いものはない。それらの好例には、次章で北の沖合に浮かぶオークニー諸島を訪ねた時に立ち寄ることとして、ここでは、板石が突き出すという特徴をもったオークニ

図2-11　ガリーウィンの石室

ー・クロマーティ型石室が、どのようにして生み出されたのかを考えておこう。

その原型は、西海岸添いのルートで南から伝わってきた、単純な羨道墓だろう。つまり、カムスターのロング・ケルンの東石室のようなものが、まず現れた。まもなく、その羨道が玄室に取り付く部分の両脇（日本の横穴式石室では「玄門」という）などに、この地方に産する板状の大石を用いるようになった。やがて、この特徴ある素材の形を生かし、それを玄室の中に左右から突き出すように配置することによって、室内を二つ、さらには三つ、四つと区分けする習わしが根づいたのであろう。オークニー・クロマーティ型石室の成立のいきさつは、このように考えられる。

†石室墳の二系統

以上、エーヴベリーのあるイングランド南西部からウェールズへ、スコットランドの南西部から北部へ、石室墳を訪ねてブリテン島を北へ北へと旅してきた。途中でさまざまな形の石室墳に出会ったが、それらは大きく二つの系統に分かれることに気づく。

第一は、イングランド中南部のコッツウォルド・セヴァーン群、ウェールズの門状支石墓、スコットランド南西部のクライド群のように、地域ごとに固有の形に発達し、分布域も限られるものである。構造としては、羨道をもたず、入口から奥まで同じ幅の通廊状ないし箱状の空間が続く。その形から、これらは、次の羨道墓に対して、「通廊墓（ギャラリー・グレイヴ）」と総称されている。墳丘の形は、ロング・バロウ（またはロング・ケルン）が多い。

第二は、羨道墓。狭い羨道の奥に一つの玄室がついた形をとる。地域色の強い通廊墓と異なって、同じ形のものがきわめて広い範囲に分布する。その分布は、イベリア半島、フランス北部から、見てきたようにブリテン島の西海岸に沿って北上し、スコットランドの北東部にまで及ぶ。墳丘は、円墳がふつうである。

羨道墓の起源は、かつて地中海にあると考えられていた。エーゲ海地方で発達した「トロス（墓道付ドーム形石室）」が、地中海に面したイベリア半島から、フランス北部を経由してブリテン島に伝わってきたという説が主流だった。四角く加工した石でアーチ状の丸天井を見事に組み上げたトロスと、全体の形はそれときわめてよく似ているけれども自然石製の粗野なブリテン島の羨道墓。両者を見比べたとき、前者から後者へと少しずつ形が退化していったと考えるのは、古典的な進化論の影響が濃かった二〇世紀中頃までの学者には当たり前の思考だった。物の形が時とともに徐々に変わっていくというこの考えに、先に述べた考古学の古典的方法論「型式学」は根ざしている。

さらに、地中海文明がヨーロッパの歴史や文化のルーツだという意識がまだ強かった二〇世紀中ごろまでは、ブリテン島のようなヨーロッパ周縁域の文化要素は、ほぼすべてが文明中心の地中海から伝わってきたとみなすのが常だった。地中海文明に生まれたトロスが、野蛮な周縁へ伝わるにつれて形を退化させたという図式は、そのような古典的な意識にもうまく適合していたのであろう。

このような図式のもと、地中海から伝わってきた羨道墓の影響によって、ブリテン島の各地で、地域独自の通廊墓が生み出された、というのが、石室墳の二系統にかかわる伝統的な理解だった。

†放射性炭素革命

ところが一九四七年に、米国シカゴ大学のウィラード・リビーが、放射性同位体である炭素一四が五七三〇年ごとに半減していく原理を用い、過去の遺跡や遺物に残る有機質からその年代を測る方法を考案して、一九六〇年にはノーベル化学賞に輝いた。このころ以後、世界各地の遺跡や遺物に対し、リビーの研究を実用化してさらに改良を重ねた放射性炭素年代の測定が行われるようになった。その目ざましい結果の一つとして、ブリテン島の羨道墓の年代が、原型と思われていた地中海のトロスよりもはるかに古くさかのぼることが判明したのである。

「伝播ではなく自生だった」という、羨道墓の歴史的評価におけるこの大転回が、英国の考古学者をして放射性炭素年代法をいたく信頼せしめ、型式学を半ば放棄せしめる契機となった。これが、英国考古学の「放射性炭素革命」として知られる出来事である。このいきさつについてはレンフルーによる好著があり、日本語の訳書も出ている。

さらにその後、かつて最初に伝わったと考えられてきた羨道墓よりも、その影響を受けて発生したと思われてきた通廊墓に、むしろ古い年代のものが多いことを示すデータがたくさん出てきた。コッツウォルド・セヴァーン群が、ロング・バロウの木室を石室に替えることによってブリテン島内で早くに現れたことなどがわかったのも、その賜物である。

ただし、放射性炭素年代法の試料となる有機質は、その遺物や遺跡そのものではなく、それに二次的に付着したり伴ったりしたものである。実際よりもはるかに古いものや新しいものが、遺物や遺跡の年代を示す試料として測定されてしまう危険は少なくない。さきに、コッツウォルド・セヴァーン群の変わり種であるベラス・ナップ石室墳のところで述べたように、放射性炭素年代法は、一つの遺跡や遺物についてよほど確かな試料が安定して得られない限り全幅の信頼を置くことはできない。私はそう思っている。

ブリテン島の羨道墓と通廊墓のどちらが先か、という問題に、現時点ではっきりとした答えは出しにくい。いずれも、その伝播や発生には何度かの波がありそうである。相互に影響を与え合いながら、ブリテン島の各地で活発に展開した、といったところが妥当ではないだろうか。その詳しいいきさつの復元に、型式学はまだまだ必要であろう。

羨道墓の玄室は小さい。そこに葬られるのは、部族を構成するメンバーのうちの、限られた人びとや特定の家族だけに限られていた可能性がある。これに対して通廊墓は、複数の側室をもつコッツウォルド・セヴァーン群や、敷居状の石で床面を仕切るクライド群のように、埋葬空間を広くとって、そこをいくつかに区分するこしらえを発達させる。スコットランド北部では、羨道墓そのものにパネル状の板石で仕切りを設けたオークニー・クロマーティ型の石室が生み出された。

「非文明」のブリテン島では、階層や身分は発生せず、部族内や家族間の平等や共同性が強く保たれていた。たくさんの遺骸を、家族や性別、年齢や職能などのさまざまな区分原理にしたがって仕分けしながら収容する必要性から、広くて仕切りをもった石室がブリテン島各地で発展したと考えられる。長屋形の大型住居をかたどったロング・バロウやロング・ケルンの墳丘をもつ例が多いことも、それらが「死者たちの住まい」と認識されていた反映であろう。

第三章
「先ケルト」から縄文へ

タルサハンの立石群

1　北辺の世界遺産

†羨道墓発達の極致

北への旅も、いよいよ折り返し点に近づいた。オークニー諸島へ渡り、北に伝わってきた羨道墓がその最果ての地で華々しく発達した様子を確かめたら、今度はストーン・サークルに目当てを移し、それらをたどって再びブリテン島を南下していく。新石器時代の前半を代表する記念物が石室墳なら、ストーン・サークルは後半を代表し、次の青銅器時代初めにつながっていく記念物。ブリテン島には約八〇〇基が知られており、「先ケルト」を理解するためには落とせないものがいくつもある。それらを巡ったあと、今度はいよいよ日本列島に飛び、それらとよく似た縄文時代のストーン・サークルや関連の遺跡を訪ねる。「先ケルト」と縄文。ユーラシアの東西両端に花開いた「非文明」の文化同士を比較することによって当時の人びとの心に迫り、それがかもし出した人類史の一段階を明らかにする旅を続けたい。

まずはオークニーへ飛ぼう。スコットランド北東端から約一〇キロメートルの沖合に浮かぶこの諸島は、一〇ばかりの大きな島と、そのまわりのたくさんの小島からなる。ほぼ真ん中に横たわる最大の島が本島（メインランド）で、溺れ谷の多い複雑な形をしている。かつてこの島の遺跡を訪れた推理作家で、古代史の研究でも名をはせた松本清張は、その複雑ぶりを「烏賊《いか》が斜めに泳ぐ形」と表現した。州都カークウォールは、「その頭の下と脚の付け根に当るところ」にある。ここに空路で入ってレンタカーを借りるのが、島の遺跡巡りにはもっとも楽で便利だろう。冷涼な気候と強風のせいもあって樹木はほとんどなく、広々とした牧草の丘と海面との間のドライブは爽快である。

いかの頭の先、地図でいうと本島北東部の北側に寄り添う小さな島を、ラウジー島と呼ぶ。カークウォールから本島の北海岸に至り、さびしい桟橋から小型のフェリーに車を積むと、船室のベンチにゆっくり腰かけるいとまもなく、エインハロウ・サウンドとよばれるせまい水道を渡りきってラウジー島に到着する。灰色の空の下、風浪がさざめく水道の海面を左手に見下ろしながら西へ走る。しばらく走って車をとめ、渚に向かって草地の坂を下ると、大きな倉庫か町工場のようなぶっきらぼうな建物が横たわっている。前章でその成り立ちをみてきたオークニー・クロマーティ型の発達の極致と讃えられるミッドハウ石室墳が、その中に墳丘ごと保護されているのである。

建物の扉を開けると、長さ三二・五メートル、幅一三メートルの、角の丸い長方形をした積石の墳丘が、屋内いっぱいに横たわっている。扉から見て手前側の短辺の両端には、それぞれ角状突起が付く。その中央に、羨道の入口が小さく開いている。それを二・五メートルほど進むと、長さ二三・四メートル、幅二メートルという長大な玄室に出る。電車一両の車内空間を少し細くしたくらいのスケールである。天井は失われているが、覆屋の梁に載せられた見学通路から、形や構造をつぶさに観察できる。

長さもさることながら、いちばん目を引くのは、オークニー・クロマーティ型の特徴である左右から突き出したパネル状の板石が、一一対も並ぶ威容である。左右それぞれの側壁に沿った前後の板石の間には、低い石棚が設けられているところがあって、そのいくつかには、壁を背にし、身体を丸めて横臥する人骨が載っていた。それも含め、二人の子供を含む少なくとも二五体分の人骨が、一九三〇年代の発掘で見つかっている。複数の頭骨だけが並べて置かれた箇所もあった。また、人骨と一緒に、ウシやヒツジなどの動物骨、カモメ、ウミウ、ワシなどの鳥骨、ベラやタイ科などの魚骨が見つかっていることは注目

図 3-1　ミッドハウの石室

される。人間以外の生物の骨がたくさん出てくるのは、この地方の石室の大きな特色である。

ラウジー島には、このミッドハウの他、クノウ・オヴ・ヤルソおよびブラックハンマーという二つのオークニー・クロマーティ型石室墳が、見やすい状態で残されている。前者は三対、後者は六対のパネル状の板石をもつ。後者では、羨道が短辺側にではなく、長辺側にとりついているのがおもしろい。二つの石室とも、ミッドハウと桟橋との間の道路沿いにあるので、立ち寄らない手はない。

†世界遺産の羨道墓

オークニーの新石器時代記念物の白眉は、本島をいかにたとえると、頭の先のヒレの部分にある。石室墳のほか、もうすぐ詳述するストーン・サークルやヘンジなどの各種記念物が集中するさまは、「北のエーヴベリー」と呼ぶにふさわしい。もとより「オークニー諸島の新石器時代遺跡中心地」として、エーヴベリー周辺と同様、ユネスコの世界遺産に登録されているのである。

その只中に、周囲に空堀を巡らせた径約三五メートルの円形墳がある。メイズ・ハウ

（マウス・ホーウェ）石室墳である。世界遺産を構成する一つなので、近くのビジター・センターで申し込みをしてから、ガイドに引率されての見学となる。

墳丘裾に口を開けた羨道は、幅約六〇センチメートル、高さ九〇センチメートルほどしかないので、はうようにして進まなければならない。一一メートルもの苦しい前進の末に目前に開ける玄室は、平面がほぼ正方形で一辺約四・六メートル。畳に換算すると一三畳敷きになる。

四方の壁は、薄い板石を水平に重ねて積んでいる。高さ二・五メートル付近より上は、壁の幅いっぱいにもわたるほどの大きな板石を用い、少しずつせり出してドーム状の天井とする。ドームといっても四隅は直角で、床面から三メートル強の高さまで、巨大な板石を垂直に用いた隅柱が支えている。現在の天井の高さは約四メートルであるが、最上部は近代に修復されたもので、本来は四・五メートルほどあったらしい。

四方のうち南西の壁には、今くぐってきた羨道が、床面の高さでぽっかりと小さな口を開けて外界とつながっている。ほかの三方は、いずれも大人の胸の高さくらいのところに四角い開口部があるが、その奥は鍵の手状に曲がって行き止まりになっている。つまり、押入れのような小部屋をなしているのである。この種の小部屋は「セル」と呼ばれる。

この石室には、人が古くから入り込んで荒らした痕跡がある。遅くとも一三世紀にはルーン文字（古ゲルマン語の表記体系）を用いる北方系の人びとがこの石室に入り込み、落書きを残すほどに好き放題している。「〇〇（女性の名）は最高の美女」などと、妻か恋人をたたえる落書きまである。記録に残るところでは一八六一年、古代愛好家で議員でもあったジェイムズ・ハラーらが、おせじにも学術的とはいえない発掘を強行して天井をこわすなどした。出土品やその状況については、情報がほとんどない。

†生者の家と死者の家

メイズ・ハウは、羨道が玄室に取り付く羨道墓である。それも、南から伝わってきたままの単純な羨道墓ではなく、玄室の三方にセルを配するという、この土地で複雑化した羨道墓である。このタイプの羨道墓を「メイズ・ハウ型」と呼ぶ。カークウォール寄りにあるクウィーン・ヒルやワイドフォード・ヒルなど、オークニー本島を中心にいくつかの類例を見学できる。

メイズ・ハウ型は、この地方独自に複雑化をとげた羨道墓という点ではオークニー・クロマーティ型と同じであるが、形が大きく異なる。セルをもつこの形はどこから来たのだ

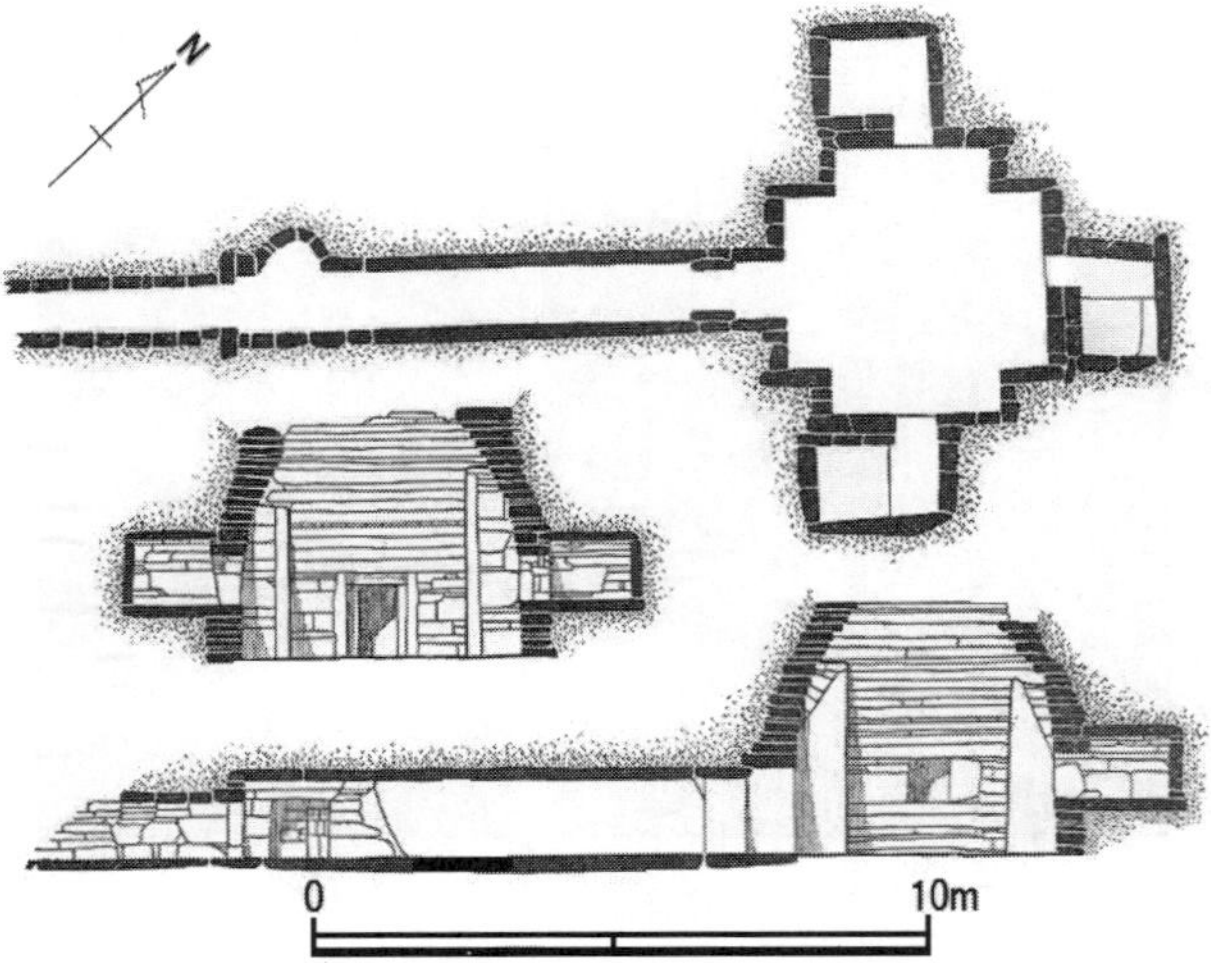

図3-2　メイズ・ハウの石室

ろうか。それを考える際にしばしば言及されるのは、世界遺産を構成する白眉の一つである新石器時代住居址スカラ・ブレイである。

スカラ・ブレイは、メイズ・ハウから車で一五分ほど走った、島の西海岸にある。小さな板石を平積みにし、大きな板石を要所に立てて壁の下半分を作った半地下式の住居が八つ、同じ作り方をした廊下を軸に、ぶどうの実のように連なっている。一つの住居の大きさは、小型のものでさしわたしが十数メートル、大型のもので二〇メートルを超える。

目を引くのは、壁のところどころに

図 3-3　スカラ・ブレイの住居址

大きな板石を巧みに組んで作りつけられた棚やベッドなどの調度品である。また、壁の一部をくぼめて押入れ状の小部屋（セル）を作っている。今の私たちの生活の場と同じではないか、という実感が、数千年の歳月を超えて新石器時代の人びとの心性に触れさせてくれる稀有な遺跡だろう。インディ・ジョーンズの映画の中で、主人公がこの遺跡を題材に講義をしているシーンがあるのもうなずける。

スカラ・ブレイの住居址に降り立ち、狭い廊下から広い住居空間に出て、その壁の精緻な板石積み、要所に立てられた大きな板石、壁に口を開けたセルなどを見ていると、その構造や見た目が、メイズ・ハウの石室内の空間にきわめてよく似ていることに気づく。天井は、スカラ・ブレイは有機質（植物繊維・流木・クジラの髭などで作られていたらしいが今はない）、メイズ・ハウは石積みと材質が異なるが、それが頭上にあって外光を遮る暗い中で、火の灯りに浮かび上がる室内のようすがどうだったかを想像してみると、ほとんど変わりがなかったのではないかと思われる。

このように、メイズ・ハウ型は、南から伝わってきた羨道墓の玄室を、当時の人びと自身が実際に住んでいた屋内空間のように仕立て上げることによって生み出された石室だったと考えられる。スカラ・ブレイは紀元前三一〇〇年ごろから数百年間人びとが住み、その間にメイズ・ハウが築かれた。互いの距離の近さからも、前者に住んだ人びとが、死せる先祖や父母たちの「住まい」として後者を作った可能性は十分ある。ロング・バロウの場合は墳丘が、メイズ・ハウ型の場合は石室が、それぞれ住まいに見立てた造形として作り出された可能性を説く人が多いが、いずれも正鵠を射ているだろう。

†真冬のまつり

メイズ・ハウにはもう一つ、偶然とは思えない驚きの造形がある。石室が築かれている方角と、それによる効果である。

毎年冬至前後の日没前、狭くて長い羨道に太陽の光がまっすぐ差し込み、玄室の奥壁を照らし出す。この光で、いつもはほとんど暗黒の玄室の内部が、そのときだけ仄《ほの》赤く照らし出されるのである。この特別の時を選んで、玄室の中で何らかのまつりがおこなわれたことは疑いない。

冬至は、太陽が空に現れている時間が最短で、高度もいちばん低く、光も弱い。そういう意味では太陽の力がもっとも衰える時だが、またこれを境に太陽が力を盛り返してくる転機でもある。

太陽の盛衰や季節の巡りを、人びとは自分たち自身の生死や転生と重ねてとらえていただろう。このことは、後で訪ねる縄文時代でもそうみられるように、人類のある文化段階には世界で共通して現れ、思想や世界観を律する認知の原理であった。メイズ・ハウを営んだ人びとは、冬至の頃にこの広い玄室に集い、太陽の回帰と生命の再生を重ねつつ、自分たちの繁栄や安寧を祈るような内容の行事を行っていたと考えられる。玄室が赤い光に染まった瞬間、人びとは声をあげただろうか、歌や踊りで盛り上がっただろうか、静かにその時を迎えただろうか。あるいはまた、そこに眠る死者たちだけのために、その瞬間が準備されたということもありうる。想像はきりがないが、いずれにしても、この冬至・日没の瞬間の太陽効果を企図して、メイズ・ハウが設計・築造されことはまちがいない。

残念ながら、その瞬間の人びとの営みを具体的に復元できるような出土物が、メイズ・ハウには知られていないことはすでに述べたとおりである。ただし、同じ特徴をもった前述のクウィーン・ヒル石室墳では、頭骨を中心とする少なくとも八体分の人骨と二四頭分のイヌの頭骨が出土している。また、ワイドフォード・ヒル石室墳からも、古い記録ではあるが、ウシ、ウマ、ヒツジ、シカ、イノシシなどの動物骨が見つかったという。人間だけでなく、動物たちの生命の再生にまつわるような祈りの行為が、そこで行われていたのだろうか。

†最北のストーン・サークル

メイズ・ハウやスカラ・ブレイを巡って、新石器時代の人びとの心にも少し近づけた。感興が冷めないうちに、新石器時代を代表するもう一種の記念物、ストーン・サークルへと視点を移していこう。

メイズ・ハウの西側には大きな潟湖がある。この潟湖は、中ほどに突き出してきた低い半島とその先の細長い砂州によって二つの湖面に分かれている。北東側をハーレイ湖、南

図3-4　ストーンズ・オヴ・ステネス

西側をステネス湖といい、ステネス湖の南端が狭く開いて海とつながっている。周囲にはあまり高い山並みもなく、広々とした草地に囲まれた静かな湖面である。

二つの湖を分ける砂州の上に、ストーンズ・オヴ・ステネスおよびリング・オヴ・ブロッガーという二つのストーン・サークルが屹立《きつりつ》している。

砂州の南東寄り、メイズ・ハウに近い方がストーンズ・オヴ・ステネスである。本来は、空堀とその外側の土塁が円形に巡り、空堀の内側に沿って石が円く並べられてストーン・サークルを作っていたことが、発掘調査で確かめられた。つまり、エーヴベリーと同じような形のヘンジだったわけであるが、今は空堀も土塁も見えない。

ストーン・サークルは直径約三二メートルで、もとは一二個の石から成っていた。現在残るのは四つだけであるが、そのうちの三つは高さが約五メートルに達する。しかも幅は一メートルほど、厚さは三〇〜四〇センチメートルと極端に薄くて細長く、先端が斜めにカットされているので、独特の威容を見せる。他にもいくつかの低い石があるが、本来のものではないらしい。発掘された土器や有機質の年代から、紀元前三一〇〇年ごろ、つまりスカラ・ブレイや周辺の石室墳の多くと同じころに作られたと考えられている。ヘンジ、あるいはストーン・サークルとしてはきわめて古い、初期の例となるだろう。

ストーンズ・オヴ・ステネスを後にして砂州を北東に向かうと、すぐ道端に「ウォッチング・ストーン」という高さ五・五メートルの巨石が一本だけ立っている。「モノリス」と呼ばれる単独の立石で、ブリテン島には西海岸を中心にたくさんある。ここを過ぎて砂州の切れ目を橋で渡り、さらに一キロメートルほど行くと、道路の左側にたくさんの石が立っているのが見えてくる。これが、ブリテン島最北端のストーン・サークルといわれるリング・オヴ・ブロッガーである。

リング・オヴ・ブロッガーも、周囲を空堀が円く取り巻いている。ただし、ヘンジであ

図 3-5　リング・オヴ・ブロッガー

ればその外側にあるべき土塁は、今は見えない。空堀の内側を巡るストーン・サークルは直径が一〇四メートル。エーヴベリー、およびイングランド南部サマーセットシャーのスタントン・ドリューに次いで、ブリテンでは第三位の大きさである。もとは六〇個ほどの石から成っていたとみられるが、今残るのは二七個。高いもので四メートルを超え、ストーンズ・オヴ・ステネスと同様に薄くて細い。年代は紀元前二〇〇〇〜二五〇〇年ごろとされ、一帯の記念物の中ではもっとも新しいといわれるが、まとまった発掘調査がなされていないので、確定は困難である。

　ただし近年、ストーンズ・オヴ・ステネスとリング・オヴ・ブロッガーとの間の砂州上に、新石器時代の石造建物群が埋もれているのが、地元のオークニー大学による発掘調査で見つかった。北の巨大ストーン・サークルを営んだ社会の実態が、これからもっと明らかになるだろう。

2 往来と交流の舞台

†メキシコ湾流が洗う島

スコットランドには、オークニーのほかにもう一つ、遺跡の宝庫といわれる島がある。北部ハイランドの西海岸、すなわち大西洋側の沖合に浮かぶヘブリデス諸島の一つ、ルイス島である。すぐ南側のウイスト島とともに、諸島のうちでも外洋に面したもっとも外側に位置するので、とくにアウター（外）・ヘブリデス諸島と呼ばれている。

大西洋をはるばる北上してきたメキシコ湾流に洗われるこの島には、有名なストーンヘンジと並び称される、カラニシュのストーン・サークル群がある。本土西岸のアラプルという北欧を思わせる港町からフェリーに乗って三時間ほどで、島いちばんの町ストーノウェイに着く。そこでレンタカーを借りるのがカラニシュへの早道である。ただ、私が訪れた時は船の到着が遅れてしまい、地元の個人経営のレンタカー屋の親父が「もう来ない」と思って他の旅行客に車を貸してしまった。他を当たってくれたが、結局、すぐに借りられる車はない。船の中で知り合った観光の老夫婦の車に便乗させてもらったり、あとはローカルバスを乗り継いだりして、島にある他の遺跡巡りも含め、予定の倍の日数がかかってしまった。おかげで、かえって思い出深い土地になったのだが、僻地にありがちな交通の不便さには閉口した。

カラニシュは、ルイス島の北西岸に口を開いた湾の奥に臨む、第一から第四の四つを主とするストーン・サークル群である。もっとも有名で、カラニシュといえばまずそれを指す第一のサークルは、湾を西から見下ろす低い台地の上にあって、径一三メートルの円形の四方から外側に向かって石列が伸びるという、複雑な形をしている。

†集いの象徴

円形の中央には、サークルでもっとも背の高い四・八メートルの薄い板石が立つ。上端が斜めに切られている姿は、オークニーのストーン・サークルのそれを思い出させる。これを円形に取り巻く一一個の石の中には、先端が頭のように飛び出しているものがあり、あたかも人間が輪になっているみたいに映る。

ヒトはその長い進化の歴史の中で、身体の形だけではなく、知覚や感情など、脳や心の働き方も発達させた。一〇〇メートルを二〇秒ほどで走れる四肢が全人類に共通であるように、言葉を発したり、マイナーコードの音の配列に哀愁を感じたり、「人種」を超えて同じ表情には同じ感情を読み取ったりする普遍的な認知を備えるようになった。進化という現象の時間尺度から考えて、現代人と共通するこの普遍的な認知は、遅くとも一〇万年前ごろまでにはヒトに備わっていた。

この普遍的認知の中に、逆三角形に置かれた三つの点が人や動物の「顔」に見えたりするのと同様、上端の真ん中が突出した高い図形が「人影」に見えるという知覚のパターンがある。自分を襲おうとしている猛獣の顔を視野の中からすばやく検出したり、仲間をいち早く見分けたりすることが生存確率の向上につながる環境の中で進化した結果、このような知覚の特性が、ヒトには普遍的に備わるようになった。笑顔は、一〇万年前の人にも笑顔に見えたのである。先端が頭のように飛び出した高い石を、たかだか五〇〇〇年前の

図 3-6　カラニシュ第一サークル

人が「人影」と見ていたことは疑いようがない。ストーン・サークルは、実際の人びとが集まって祭りをする場であるとともに、しばしば、それ自体の姿が人の集《つど》いを象徴するものだったであろう。

まさにそのように見えるカラニシュのサークルから四方に伸びる四本の石列は、北北西に向かうものが長さ八三メートルともっとも長く、しかもこの石列だけが二重線を描く。言いかえれば、六〜七メートルの間隔を空けて走る二重の石列にはさまれた通路が、円から外へ、あるいは円に向かって伸びている形となる。これはエーヴベリーの「アヴェニュー」と酷似したこしらえであり、同様にそう呼ばれている。ここを歩む行為があったのだろうか。そうだとすれば、記念物にまつわって同じ行為や仕掛けを共有するような人びとの交流が、西海岸をルートとして、ブリテン島の南北を結んでおこなわれていた可能性が高い。

†新石器の航海者たち

カラニシュの第二・第三のサークルは、第一のサークルから小さな入江を挟んで一キロメートルほど東方にある。どちらも第一より小さいほぼ円形の並びで、第二は五個、第三は十数個の石が残っている。第四サークルは、やや離れて二キロメートルほど南側の丘の上にあって、五個の石が円形を描く。

以上四つのカラニシュのサークルは、ルイス島北西岸に開いた湾の奥で、多くの島が浮かぶ静かな海面を見下ろしている。波しぶきが洗う北の海辺というイメージを裏切り、私の生まれ故郷の瀬戸内の海辺を思わせるようなこの場所は、さきほど訪れたオークニーの二つのストーン・サークルの立地と、非常によく似ている。

おそらく、そのことこそ重要なのだろう。ブリテン島の西岸に沿って南北に往来する人びとにとって、波風を避けられる湾奥は格好の寄港地になったと思われる。ルイス島のこの場所や、オークニーのステネス湖の奥に伸びた砂州は、島の内外の人が集まり、往来の中心となったところだったにちがいない。ちなみに、カラニシュの約五キロメートル西方、この湾奥へ西から入ってくる水路がもっとも狭くなった瀬戸に臨む位置に、三本の巨石が立ち、タルサハン（クレイティィール）立石群とよばれている（本章扉の写真）。これらも先端が頭のように飛び出した形の石で、三つの人影が海面をにらんでいるように見える。

おそらく、メキシコ湾流に乗って北上してきた航海者は、この瀬戸で立石に迎えられ、そこから静かになった海面をさらに進むと、前方の海岸の上に次々に現れるカラニシュの四つのサークルに導かれるように湾奥に達しただろう。大西洋の往来に関係して、これらの巨石記念物の樹立場所が定まった可能性が高い。その年代は、紀元前二五〇〇〜二八〇〇年と考えられている。

†南北交流の接点

ブリテン島西岸に沿って南下しよう。ルイス島からフェリーでインナー（内）・ヘブリデス諸島のスカイ島に渡り、島の東端から狭い海峡の橋を越えれば、スコットランド本土の南西部に戻れる。深い針葉樹の森の中を南下し、クライド湾北岸のターバートから再びフェリーに乗ると、アラン島に着く。前章で、クライド群の石室墳を訪ね歩いた島である。島のほぼ中央部に発して西海岸に注ぐマクリー川の下流には、マクリー・ムーアとよばれる原野が広がる。ここには、さまざまな形をしたたくさんのストーン・サークルがある。もっとも目立つのは第二サークルで、オークニーやルイスで見たような細長い石が三個、野原の真ん中に屹立している。いちばん高い石は四・九メートルある。もとは、これらも含めて七、八個の石が径一四メートルの円形に並んでいたと考えられる。一〇〇メートル余り東にある第三サークルも、今残る石は一つだけだが、よく似た形だったらしい。

これらと対照的な姿をしているのは、すぐ東側に並ぶ第一サークルと第一一サークルで、どちらも径一三メートル内外の円形であるが、これまでに見てきたものと大きく異なるのは、高さがせいぜい一メートルほどの低くて丸い石を並べている点である。二〇〇メートルほど南西に離れた第四サークルも同じ特徴をもつが、これは径約五メートルと小さい。形がおもしろいのは、そこからさらに西方一〇〇メートル余りのところにある第五サークルで、二重の同心円をなす。内側の円は径約一二メートルで八個の石が、外側の円は径約一八メートルで一五個の石が並ぶ。これらの石はいずれも低くて丸い。

このように、マクリー・ムーアのサークル群は、背の高い石が屹立する北方系のものと、

図3-7　マクリー・ムーア第五サークル

対照的に背が低くて丸い石が居並ぶものとが混在している。背が低いものは、これから訪ねるイングランドに多く見られる点から、南方系のサークルの特徴と考えていいだろう。

かつては、浅い谷筋に沿ってサークル群の足元まで海面が湾入していた。対岸には、クライド湾を抱きこむように本土から南へ伸びるキンタイア半島が横たわり、オークニー・ステネス湖の砂州やルイス島のカラニシュと同じように、ここもまた内海の停泊地である。ブリテン島西岸のちょうど中ほどに当たるこの場所に、北方系と南方系の記念物が混在する事実は、ここが南北往来の重要な中継地だったことを示している。

†ストーン・サークルと磨製石斧

ストーン・サークルを追って南下を続けると、必ず立ち寄らなければならないのが、イングランドの西北端、アイリッシュ海に向かって丸く突き出した湖水地方（レイク・ディストリクト）である。ブリテン島にしては険しい山並みと、それを刻むU字谷の底に滞水した湖とが織りなす景観に心ひかれる人は多い。ピーターラビットの絵本シリーズの作者ビアトリクス・ポターがここに住み、その風光を作品に盛り込んだことでもよく知られている。

考古学では、湖水地方はストーン・サークルの集中域として名高い。ぜひ訪ねたいのは三つ。北部のキャッスルリグ、南西部のスウィンサイド、そして東部のはずれにあるロング・メグ・アンド・ハー・ドーターズ（のっぽのメグと娘たち）である。前二者は、不揃いの低目の石をでこぼこに並べたいかにも古拙なもの。風光明媚な周囲の景観ともあいまって美しい。後者は長径が約一〇〇メートル、ストーン・サークルとしてはブリテン島第四位の規模を誇る。形がやや変わっていて、南西側の一ヵ所に出入口と思しき隙間があり、そこから少し離れた外側に、高さ三・六メートルのひょろ長い石がぽつんと立つ。この石が「ロング・メグ」。一七世紀にこの土地で「魔女」にされた女性の名だという。メグの表面には、前章で見た羨道墓の図文と同じような、渦巻きや同心円を刻んだ文様がある。このメグを、サークルの中心から望んだ延長線上に、冬至の太陽が沈むという。冬至の日没をハイライトとするこのシチュエーションは、先に見たオークニーのメイズ・ハウ石室墳と同じである。

湖水地方を代表する以上の三つは、いずれも紀元前三三〇〇年ごろにさかのぼり、ブリテン島では最古級のストーン・サークルである。山がちで多くの生産も望めず、海に臨む寄港地でもないこの地方に、古くからたくさんのストーン・サークルが作られているのはなぜだろうか。その謎を解き明かす鍵の一つが、湖水地方のほぼ真ん中、グレート・ラングデールの大渓谷にある。この大渓谷は、氷河が削り出した延長約四キロメートル、幅約一・二キロメートルの雄大なU字谷で、とくに北の斜面は、谷底から最初はゆるく立ち上がって急速に傾斜を増す岩峰群の絶壁となっていて、壮観である。

この岩峰群の西端をなすパイク・オヴ・スティックルと東隣のロフト・クラッグとの間の鞍部で、新石器時代の石斧製作地の址が見つかっている。変成作用を受けた緻密な緑色岩の露頭から採掘した石材を、ここで荒割りして搬出していたと考えられる。スコットラ

図 3-8　グレート・ラングデールの石斧製作地

ンド南部からイングランド南部まで、ブリテン島のほぼ全域に、それらは行きわたっている。耕地を開発するときの伐開具、耕作用の農具、住居・家畜小屋・柵・道路（湿地の多いブリテン島にはしばしば材木を並べた先史時代の桟道がみられる）などのための木材加工具として、斧は当時の生活の根幹をなす道具であり、それに適した石は、近代の鉄に比肩するような必需物資だった。湖水地方は、その主産地として、新石器時代のブリテン島に住む多くの人びとが関心を抱き、それを求めて往来する経済上の要地だったのである。

往来の要地という意味では、これまで北から見てきたストーン・サークルが立地する内湾の寄港地と同じ性格を、湖水地方のストーン・サークルはもっているといえるだろう。グレート・ラングデールから谷沿いに北へ、西へ、南へ、東へと向かう交通路上に、ストーン・サークルは分布している。人びとの往来の交点にあってその交流と交歓の舞台になったり、そこに蟠踞《ばんきよ》する部族が外来の人びとに存在を誇示したり、新石器時代の社会が広域に結びついていくときのさまざまなコミュニケーションの媒体として、記念物が機能していたさまがうかがえる。

グレート・ラングデールの石斧製作地は、標高は七〇〇メートルそこそこであるが、もとより日本よりも冷涼だし、何よりも峻険なので安易に近づかないほうがいい。ただ、製作地の直下から長大な崖錐《がいすい》が谷底近くまで広がり、その堆積の中に薄緑色をした石斧の未製品や残片が含まれている。運が良ければ、下のほうでそれを見つけることができる。

なお、ウェールズ北海岸のペンマインマウルにも、磨製石斧の製作址とストーン・サークル群のセットがある。こちらはずっと行きやすい。中心は、三〇個弱の石が径二五メートルの円形に並ぶドルイッズ・サークルで、海を見下ろす高台の立地も魅力的である。

3　太陽と季節のまつり

†完成型としてのストーンヘンジ

ようやく、イングランドの南部に帰ってきた。この地域のストーンサークルにも、先に触れたブリテン島第二位の直径を誇るスタントン・ドリューや、低い石がでこぼこに並んでいかにも古拙の雰囲気をかもし出すオックスフォードシャーのロールライト・ストーンズなどがあるが、やはり白眉はどうしても、有名なストーンヘンジということになる。エーヴベリー周辺とともに、「ストーンヘンジ、エーヴベリーと関連する遺跡群」としてユネスコの世界遺産に登録されている。

ストーンヘンジは、旅の出発点となったエーヴベリーから三〇キロメートルほど南方の大平原の只中にある。誰もが思い浮かべるその有名なたたずまいは、これまで北から南へと巡ってきた幾多のストーン・サークルとは、印象が大きく異なる。これだけが独りとび

図3-9　ストーンヘンジ

ぬけて精巧、かつ洗練されているのである。

もっとも違う点は、他のストーン・サークルにはない「梁」（水平方向の部材）が「柱」の上にかかっていることだろう。そうするためには、柱も含めた他の部材を規格的に揃えて立て、さらにその上に重たい梁を設置する技術がいる。こうした技術の高さという点で、ストーンヘンジは異質な存在ともいえる。

その理由の一つは、今私たちが見ているストーンヘンジは、新石器時代の次の青銅器時代、年代でいうと紀元前二〇〇〇年ごろに最終的に完成したものだということ。つまり、これまでに見てきた他のストーン・サークルよりは一千年前後も新しい、それだけ余分に蓄積され発展した知識や技術によるものだというわけである。

ただし、ストーンヘンジは最初からこの形だったわけではない。他のストーン・サークルとだいたい同じ紀元前三一〇〇年ごろ、ストーンヘンジはまず、石のない普通のヘンジとして作られた。内側には石でなく、木材が立て並べられていた。人の遺骸を安置した痕跡なども見つかっており、そのような儀礼の場所であったと考えられる。

紀元前二六〇〇年頃から石の樹立が始まり、エーヴベリーと同様、ヘンジとストーン・サークルが合わさった記念物になった。このときのストーン・サークルは、遠くウェールズに産する「ブルーストーン」とよばれる石が、二重の同心円に立て並べられていた。それが、今度は地元産の砂岩を用いて今の形に改築されたのが紀元前二〇〇〇年ごろである。ストーンヘンジは、このように、一千年以上にもわたって改築が繰り返された累代の記念物で、もうすぐ訪ねる日本列島でいうと、その期間は、縄文時代中期末から後期前半に当たっている。

†ストーンヘンジの仕掛け

ストーンヘンジのもっとも内側には、「コ」の字を伏せた形に二本の柱で梁を支えた

「トリリトン（三つ石）」が五組、やや口のすぼまったU字形の平面をなして並んでいた。中央の一組のトリリトンがいちばん高かったが、今は片方の柱しか残っていない。これも含め、二組は地面に倒れている。

トリリトンが描くU字形をぐるりと取り巻いて、径三〇メートルの円形に立てた三〇本の柱の上部を梁が結ぶ「環」が構築された。今、もとの形が残る部分は、四分の一ほどにすぎない。ストーンヘンジは、近年の修復を経ても、全体として意外に残りがよくないのである。

これらのずっと外側には、約一〇〇メートル余りの円形に、土塁と空堀が巡っている。当初のヘンジを踏襲する部分である。ヘンジによくみられるように数カ所に切れ目をもつが、北東側の切れ目はとくに大きく、特別に造作されている。具体的にいうと、切れ目から北東に向かって、両側を土塁と空堀で挟まれたまっすぐな「アヴェニュー」が伸びている。さらに、この「アヴェニュー」上の少なくとも二カ所には、柱状の石が何本か立てられていた。今残るのは二本で、一本は倒れているが、もう一本はまだ立っている。注目されるのは、この「アヴェニュー」と立石の造作の位置が、最中央部のトリリトンがU字形に開いた方向と一致していることである。

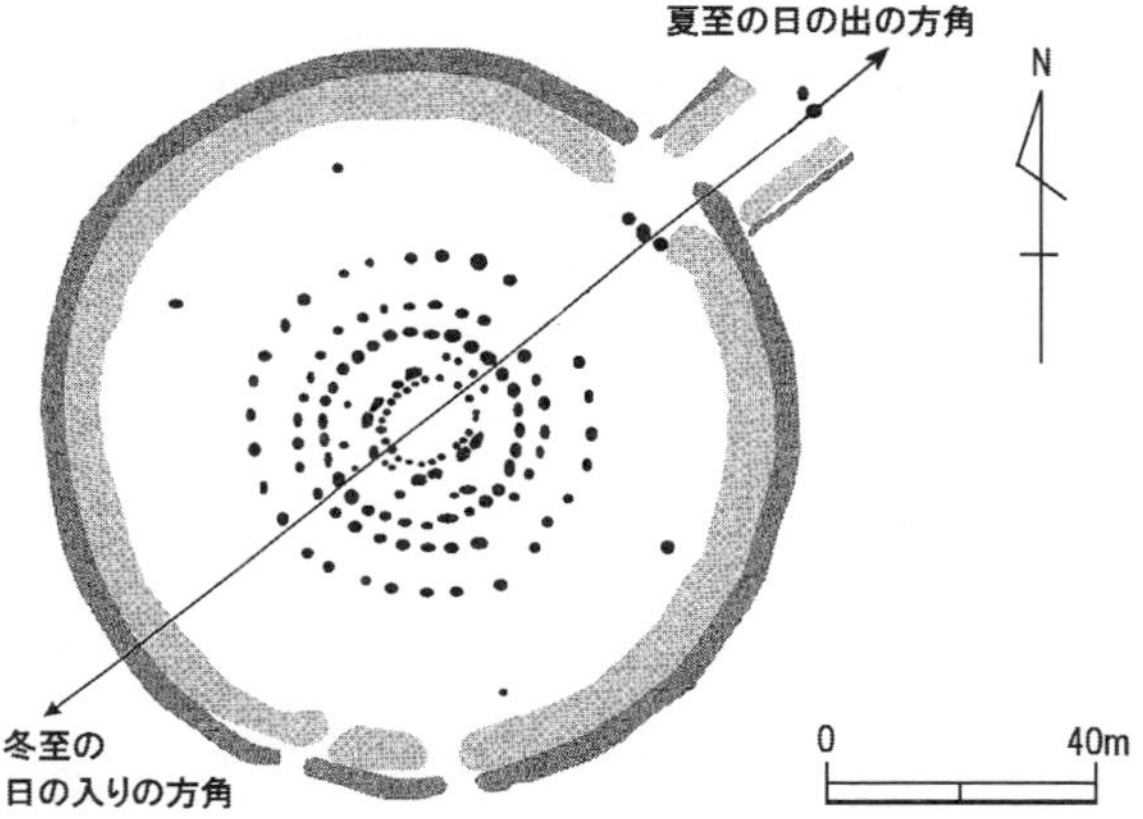

図 3-10　ストーンヘンジと太陽の運行

すなわち、ストーンヘンジの中心に立って北東を望むと、トリリトンのU字形が開口し、その延長線上には土塁と空堀の切れ目があって、そこから、中軸に石柱の立つ「アヴェニュー」が伸びていた。ストーンヘンジは、明らかに北東を意識して構築された記念物だったのである。北東の「アヴェニュー」や立石の造作は、紀元前二六〇〇年頃、最初のストーン・サークルが作られた時点から設けられていた。

北東にある何を、ストーンヘンジは意識していたのだろうか。その方位角を調べてみると、夏至の太陽が昇る方向に一致する。これは偶然とは思えない。夏至の夜明け、人びとはストーンヘンジの中心に立ち、「アヴェニュー」を通って到来する太陽の光を、トリリトンのU字で迎え入れたのである。光は、アヴェニューの立柱の影を、U字の奥で待ち受ける人びとに向かってまず投げかけ、次の瞬間には、彼ら彼女らをまともに照らし出しただろう。こんな光のショーを、人びとはどんな行為や音で演出していたのだろうか。

†縄文の太陽

同じ夏至の太陽は、ユーラシア大陸のはるか東方で、今度は遠く隔たった日本列島の人びとが準備するショーにも出演した。太陽とともに、はるか日本列島へ飛ぼう。

秋田県鹿角《かづの》市の大湯《おおゆ》環状列石。北東から南西へと延びる平たい台地を横切るような形で、二つのストーン・サークルが並んでいる。ストーン・サークルとはいっても、円く巡っているのは大きな石ではなく、河原石を嚙みあわせた石組みである点で、これまでに見てきたブリテン島のストーン・サークルとは少し異なる。

二つ並ぶうちの北西を万座、南東を野中堂という。万座は五二メートル、野中堂は四四メートルの直径で、二重の同心円に石組みが並んだ形はほとんど同じである。二つとも、同心円の要所に、「日時計」とよばれる石組みがある。高さ五〇〜六〇センチメートルの

図3-11　大湯ストーン・サークル（鹿角市教育委員会提供）
（左が野中堂、右が万座）

棒状の石を中心に立て、その根元から放射状に長手の石を並べ、その外側にいくつかの丸石を置く。しばしば教科書などにも載って有名なので、「ああ、これか」と思う人も多いだろう。

野中堂の中心からすぐ北西の「日時計」を望むと、約一五〇メートル先にある隣の万座の「日時計」が同じ視線に重なり、さらにその延長線上に夏至の太陽が沈む。この時、二つの「日時計」の中心に立つ棒状の石の長い影が、まっすぐ手前に伸びてくる。ストーンヘンジの「アヴェニュー」に立てられた立柱が演出するのとまったく同じ効果である。

夏至にこうした演出がおこなえる位置関係に野中堂と万座があることは、偶然ではないだろう。太陽の動きに関わるまつりのために、意図して周到に設計した配置だった可能性がきわめて強い。日の出と日没という違いはあるが、夏至の太陽を主人公とする祭りの舞台として、大湯環状列石とストーンヘンジとは、同じ目的で造られた施設だと考えられる。

さらに同じことが、前に訪ねたオークニーのメイズ・ハウ石室墳についてもいえる。こちらは逆に冬至だが、日没の太陽光が羨道を通って玄室内を照らすように設計されていた。確実なところでは、有名なアイルランドのニューグレンジ石室墳でも、冬至の日の出に同じ効果が知られている。石室墳が死者の家であり、ストーンヘンジからも少なからぬ遺骸が発見されたように、大湯の二つのサークルにもまた埋葬の跡がたくさんある。これらの遺跡はみな、紀元前二五〇〇〜二八〇〇年ごろに当たる縄文時代後期に作られている。

その底流には、太陽の盛衰と生死とを関連づける共通の思想をうかがえるだろう。「非文明」の本質に迫る手がかりがそこにありそうだが、縄文の遺跡をもう少し巡ってから、章の最後でくわしく考えたい。

4　生と死の円環

†北のサークルとヘンジ

　大湯環状列石から西へ向かい、米代川沿いに五〇キロメートルほど下って北秋田市に入ると、川を見下ろす段丘の上に伊勢堂岱《いせどうたい》の環状列石群がある。石組みのサークルが四つ集まっていて、もっとも大きなサークルCは径四五メートルで三重の同心円を描く。それに次ぐ径三二メートルのサークルAは、大湯で見たのと同じ「日時計」がすぐ外側にあって、そこから中心を見通した方向に夏至の太陽が沈むという。

　縄文時代の環状列石の大きなものは東北と北海道に集中するが、大湯とともに東北で見応えがあるのは、青森市の八甲田山北麓にある小牧野《こまきの》である。小牧野の環状列石は、内側を掘り下げながら円形に土を盛ったところに組石を貼り付けているので、大湯や伊勢堂岱と違って立体感が強い。ブリテン島の遺跡になぞらえると、石貼りのヘンジといったとこ

図 3-12　小牧野ストーン・サークル

ろだろうか（そういうものはブリテン島には存在しないが）。径は約四〇メートル。石組みは、長手の石を規則正しく縦横に配列して独特の模様積みとした「小牧野式」とよばれるものである。同じ石組みが先に見た伊勢堂岱にもあって、営んだ人びとの間に交流があった可能性をうかがわせる。小牧野の場合、中心から八甲田山をながめた方向に、冬至の太陽が昇るといわれている。

ブリテン島のものと同じような環状列石は、北海道にある。小樽市の忍路《おしよろ》は長径三三メートルの楕円形に、高さ一メートル内外の石が立ち並んでいる。同じく小樽市の地鎮山は径一〇メートルと小型で、高さ一メートルほどの細長い石一二個から成る。ブリテン島南部

図 3-13　キウス二号周堤墓

の古式の例と見分けはつかない。

北海道にはまた、周堤墓（あるいは環状土《ど》籬《り》）と呼ばれる土築の記念物が見られる。円形に土塁を巡らせ、その一方向に切れ目をもつ姿は、ブリテン島のヘンジそのものである。千歳市のキウスではこうした周堤墓が八つ連なり、最大の二号周堤墓は外径七五メートル、土塁の高さは二・六メートル、切れ目が北北東にある。土塁の内側は低くなっていて、ここに埋葬がある。土塁の上に埋葬をもつ例もある。埋葬を主体とした記念物といえるだろう。年代は、環状列石よりもやや新しく、縄文時代後期でもその後半、紀元前二〇〇〇年を過ぎた頃になるらしい。

この地方の記念物には、立地環境に恵まれ

ているものが多い。都市部と違って周囲には野や山が広がり、四〇〇〇年以上も前の縄文時代人たちが見ていた景色もかくやと思わせる。その点では、同じ条件に恵まれたブリテン島の遺跡と共通した魅力をもっているといえるだろう。親切に復元された青森市の三内丸山のような遺跡もいいが、当時の人びとが作った構造物がほぼそのままの形で、当時からの景観の中に残っている大湯や小牧野などは、遺跡として別格である。一度は訪問していただきたい。

†盛土と貝塚

とはいえ、読者の多くは都市部にお住まいだろう。東北や北海道まではなかなか、という方に、もっと近場の縄文記念物をいくつか紹介しておこう。

東京から、在来線の電車でも一時間半弱の栃木県小山市。その東の街はずれ(実際には隣町である結城市街に近い)、鬼怒川の支流・田川に臨む段丘上に、寺野東《てらのひがし》遺跡がある。工場団地の一角に広々とした緑地が残され、その隅に立つ資料館から案内路に沿って歩くと、最大で二メートル余りの土塁状の高まりが、径約一六五メートルの大きな円形に巡っているのが視野いっぱいに広がる。円の東半分近くは失われているが、残存部分の三カ所に切れ目がある。内側の広場ともいうべき平面に立って周りを見渡した印象は、ブリテン島のヘンジ、あるいはコーズウェイド・エンクロージャーとそっくりである。

このような遺構は「環状盛土」と呼ばれ、東日本を中心にいくつか知られている。寺野東の発掘では、この土塁は、盛土と焼土とを交互に積み重ねることにより、長期にわたって形成されたものであることが明らかになった。縄文時代後期の紀元前二五〇〇年ごろから、晩期の紀元前一二〇〇年を過ぎたころまでの所産である。盛土の中から焼土とともに多くの土偶なども見つかっていることから考えて、時に火を用いるような儀礼の行為が、ここで何度も繰り返しおこなわれたのであろう。盛土はその累積であり、父祖の世代からこの場所でずっと続く集団の営みの伝統を、そこに演出する意識があったにちがいない。同じような記念物で見応えがある他の例として、北海道函館市の垣ノ島《かきのしま》遺跡がある。ここの盛土は、環状というよりも「コ」の字状をなしていておもしろい。三内丸山遺跡にも、環状にはならないけれども同じような盛土がある。

縄文時代の遺跡と聞いて誰もが思い浮かべる貝塚も、環状盛土遺構とよく似た見た目をもっている。千葉市の郊外にある加曽利《かそり》貝塚は、その記念物としての性格を鮮やかに実感できる格好の遺跡である。住宅地の中に、大きな円形の盛土のようなものが南北に二つ連なっている。盛土のように見えるこの高まりこそが貝塚で、北のものが紀元前三〇〇〇年ごろの縄文時代中期に、南のものが紀元前二五〇〇年過ぎの縄文時代後期に作られた。北の貝塚は径約一三〇メートルの閉じた円形をなすが、南の貝塚は北東に向かって口を開けた馬蹄形（U字形）で、長径は一七〇メートルある。いずれも、高まりに囲まれた内部は平坦な広場になっている。

†貝塚の本質

加曽利の二つの貝塚は、どちらも一部が調査され、その跡を利用して断面を観察できる施設が設けられている。厚さ二メートルを超える断面は、ハマグリやキサゴ（小型の巻貝でこの地域の貝塚の特徴でもある）の分厚い層で構成されていることが一目でわかる。しかし、解説板に従ってよく見ると、その他にもさまざまな魚類や動物の骨が混じっている。それだけではない。貝塚に併設された博物館に詳しく展示されているように、貝塚の中にはたくさんの人体が埋葬されていて、その数は調査でわかっている範囲だけでも三〇体以上に及ぶ。また、イヌの埋葬もある。イヌの胎児と人間の胎児とが一緒に葬られていた場所も発見されている。

これらのことから考えると、貝塚を、よくあるように「ゴミ捨て場」と呼ぶのは、一〇〇パーセント間違いだとはいわないまでも、明らかに適切でない。そこは、人間のほか、ともに暮らした家畜、狩りの対象となっていた野生動物、食料源の多くを占めた魚貝類などが生命を終えたとき、その印としての遺骸を意図して集め置くことによって形成された構造物だったのである。「ゴミ捨て場」などというのは、近現代人にしか通用しない概念であって、物事の切り分け方や概念体系も今とはまったく異なっていた縄文時代ないし新石器時代に安直に当てはめるべき通念ではないし、何よりもそれは過去の人びとに対する無理解かつ不遜な態度である。私たちが今使っている「ゴミ」というカテゴリー自体、縄文時代も含めて世界の新石器時代には存在しなかっただろう。

生物学的な意味での生命を終えた者（物）に対し、まだ生きている者がさしあたり最終の取り扱いを行う場所の一つとして、貝塚は世々形成された。それを円環状に仕立て上げ、生きている者が中の広場に集い、生と死を見つめてその交流や循環に思いをはせ、それを祈る行いをした場所だったことは疑いにくい。こういうことを共感できる縄文時代きっての記念物を、首都圏からでも半日あれば楽しめるとは、何とも素敵ではないか。

†遺骸をめぐる儀礼

加曽利貝塚のように、人やイヌや、その他の生物の亡骸を集め置いた場所として、ブリテン島の新石器時代で目立っていたのは、前章でたくさん訪れた石室墳である。とくにオークニー諸島の石室墳には、人だけでなくイヌなどの家畜や、トリなどの野生生物の骨がたくさん出てくる例が多い。縄文時代の貝塚とブリテン島新石器時代の石室墳には、相似た思想や世界観が盛りこまれていたようである。

もっとも、石室墳そのものに当たるような記念物は縄文時代には見当たらない。だが、性格上それに類した遺跡はある。茨城県取手市の中妻《なかつま》貝塚。取手駅から、すぐ南を流れる利根川に沿って東に向かうと、支流の小貝川との合流点手前の段丘上にある。最寄りのバス停「中妻」から北に向かって数分歩けば、福永寺というお寺に出る。このお寺の敷地を中心に、中妻貝塚は広がっている。径一五〇メートルの、加曽利と同じような円環状(厳密には一方向が切れた「C」字形)の貝塚だったが、今はところどころに貝層やその高まりが見える程度である。

一九九二年、この貝塚の南端付近で、径約二メートル、深さ約一メートルの円形に掘られた穴の跡が見つかり、中から一〇一人分の遺骸が出土した。遺骸は、一度どこかで白骨化させた後に、ここに運び込んできたとみられる。それらを三、四段に重ね、穴のふちに頭骨をぐるりと並べていた。これらの骨の集積は、土器の一型式の存続期間中という比較的短い間（長くとも数世代か）に行われたらしい。また、年齢や性別はさまざまであるが、ミトコンドリアDNAと歯冠《しかん》計測値（血縁関係に由来する歯の形態の類似度を反映した値）の分析によって、その中の少なくとも一部に血縁関係があったことが明らかになった。ミトコンドリアDNAは母親からしか受け継がないので、それは母系の血縁関係である可能性が高い。千葉県茂原《もばら》市の下太田《しもおおだ》貝塚でも同じような穴が三基見つかり、収められた人骨の間に、やはり母系の血縁関係があったと分析されている。

このような例の他にも、大腿骨などの長手の骨を集めてきて井桁状に組んだ上に頭骨を並べる「盤状集骨」が、愛知県田原市の伊川津《いかわづ》貝塚や保美《ほび》貝塚などで知られている。また、山田康弘氏の研究によると、縄文時代の墓の中から、主人公とは別人の骨の一部が見つかることがある。死者の骨を取り出し、他の人の埋葬に供えるという習俗が行われていたらしい。

一度葬った遺骸に手を付けることのない私たちには理解や共感が難しいけれど、ブリテン島の新石器時代でも日本列島の縄文時代でも、そういうことが普遍的に行われていた。また、どこか特別な場所を作ってそれらを集めたり、意味ありげに並べたりしていることもよく似ている。そこに人間以外の動物などが普通に加わっていることも共通する。さらに興味深いことに、生と死の交流に関わるそうした場所が、往々にして太陽の運行と関わって造作されていることもまた、遠く隔たった両者で同様である。

†非文明の本質

このような類似や符合は、おそらく、地球上のホモ・サピエンスが等しく共通してもつ認知、すなわち心の働き方の同一性に根ざした現象であろう。こうした、ホモ・サピエンスに共通する認知の一つとして、別個の事象の間に類似のパターンやイメージを見つけ出し、それを介して本来は無関係であるはずの両者を関連づけるという働きがみられる。いわゆる「アナロジー」である。

太陽が昇り、そして沈むことと、生命がうまれ、そして死ぬこと。自らの営みを根本から左右する二大事象をアナロジーとして結びつけるというのは、地球上のどこにいようと、ホモ・サピエンスにとっては、普遍的かつ必然的な心の働きであった。後世になって、両者は同じパターンやイメージとして心に映るけれども、実際には異なる原理による、たがいに独立した別個の事象だという認識が当然のこととして共有されるより前には、この素朴なアナロジーが、社会を律する文化の枠組みの一つとなっていた。言いかえれば、「文明」に上塗りされるよりも前の文化は、ホモ・サピエンスの本源的な認知にむき出しの形で根ざしたものであり、そうであるからこそ、地球上どの地域においても共通の、素朴な普遍性を保っていたと考えられる。新石器時代の「非文明」の本質は、まさにその点に求めることができるだろう。

このようなことを背景に、紀元前の三〇〇〇年ごろから二〇〇〇年過ぎまでを中心とした時代、ユーラシアの東西端に遠く離れた日本列島とブリテン島で、人びとは同じ現象に関心をもち、それにまつわる同じような場所を設営し、同じような行為をしていたのである。やがて、大陸に発した「文明」の波が両地域の海岸に打ち寄せるようになると、このような「非文明」の営みはどのように変わっていったのだろうか。「非文明」の普遍性をどのように塗りつぶし、両地域の違いを芽生えさせていったのだろうか。次章では、その展開を追いたい。

第四章
ケルトの基層、弥生の原像

テンプル・ウッド

1　斧と文明

†奇妙な積石塚

英国で暮らしたころ、もっとも気に入って繰り返し訪ねたのはウェールズ北部（北ウェールズ）だった。土地の起伏が大きく、その曲面が牧草地と森と古い屋並のパッチワークで彩られた景観は、イングランドともスコットランドとも違った独特の色合いをもつ。緑の初夏もいいし、野山がヒースの赤紫色に覆われる初秋の景色も忘れがたい。文化財としては有名なのは中世の城郭群で、「グウィネズのエドワード一世の城郭と市壁」として、ユネスコの世界遺産に登録されている。一三世紀、ウェールズの支配をめざしたイングランドが、土地の抵抗を鎮めるために築いたものである。ただし、後にはウェールズ側の反乱拠点となった城もあり、現在でもウェールズの歴史的アイデンティティの中心をなす象徴となっている。

図 4-1　ブリン・カデル・ファネル積石墳丘墓

その一つとしてウェールズの愛唱歌にも出てくるハーレック城から北東に車で数分。タルサルネという小さな村に車を停め、地図だけを頼りに荒野を歩くこと一時間（迷わなければの話だが）、前方の小高い丘の上に奇妙な形の石造物が見えてくる。これが、ブリテン島の遺跡でも一、二を争うユーモラスな姿で有名なブリン・カデル・ファネルの積石墳丘墓である。

径約一八メートルの円形。その斜面をぐるりと一周する形で、長さ二メートルほどの細長い石が二〇本ばかり斜めに突き立っている。中央部が一九世紀に盗掘され、斜めの立石の一部も第二次世界大戦中に軍隊が動かしてしまったが、もとの姿から大きくは変わっていない。盗掘のせいで確かなことはわからないが、おそらく、塚の中央部に石を組み合わせた棺が設けられていたのだろう。

これとよく似た遺跡が、第二章で石室墳を巡ったときに訪れたスコットランド南西部のキルマーティン渓谷にある。テンプル・ウッドの積石墳丘墓（本章扉の写真）。ブリン・カデル・ファネルの立石が斜めに突き刺さる形だったのに対し、ここではまっすぐに一三本が円を描いて立っている。だが、両者が同じカテゴリーに属する遺跡だということは、一目でよくわかる。一三本（もとは二二本だったという）の立石が描くサークルの真ん中に、板状の石を組んで作った棺がしつらえられている。大人一人をゆったりと横たえられるほどの棺である。

つまりここでは、ストーン・サークルと積石墳丘墓の真ん中にしつらえられた棺という飛びきりの場所に、一人の人物が葬られている。紀元前二五〇〇年ごろ、すなわち青銅器時代初頭のブリテン島には、死に際してそういう扱いを受ける特別な人物が現れたのである。

†彫られた斧

同じ青銅器時代初頭の石の棺は、テンプル・ウッドの北約一・五キロメートル、ネザー・ラージー北墳とよばれる積石墳丘墓にもある。もともと深いところに設けられていた石の棺にはコンクリートの見学用シェルターがかぶせられ、これを包み込むように積石の墳丘が復興されている。その頂上からはしごを用いてシェルター内に降りると、テンプル・ウッドのものと似た石の棺が口を開けている。かかっていた一枚石の蓋は外され、シェルターの壁に立てかけられている。じっくりと観察すべきはこの蓋石である。

まず目を引くのは、表面に彫られたたくさんの円い小穴。硬い石を使って径数センチメートルの擂鉢状に削り込んだもので、「カップマーク（盃状穴）」とよばれる。意味は不明であるが、ブリテン島では新石器時代から青銅器時代にかけて多くみられる。さらによく見ると、三味線のバチのような形に浅く陰刻された図文が一〇個ほど数えられる。この時代に現れた銅斧と同じ形であり、その表現であることは疑いない。棺のほうにも、その一方の短辺をなす石材の表面に、同じような斧形が二つ彫られている。

テンプル・ウッドから南へ一キロメートルと少し歩いたところでも、同じ斧形が彫られた石の棺がみられる。リ・クルーインの積石墳丘墓である。積石の墳丘は上部を失い、埋め込まれていた石の棺がいくつか露出している。そのうちのもっとも南の棺の一方の短辺

図4-2　リ・クルーインの石棺に彫られた斧形

に、八つの斧形がある。さらに、今は見学することができないが、同じ棺の別の石材には、船の骨組み（竜骨と肋木）らしきものも彫られていた。

ブリテン島でもっとも有名な斧形の陰刻は、ストーンヘンジの立石に彫られたものである。ストーンヘンジのもっとも内側には、二本の柱が梁を支える「トリリトン（三つ石）」が五組並んでいることは前章で述べたが、そのうちの一つの柱石に、剣と斧の形をした陰刻が一つずつ並んでいる。一目瞭然であるが、不思議なことに、気づかれて人びとの注意に上ったのは一九五三年だという。その数年後の精査で、斧形は全部で一四個もあることが明らかにされた。さらに二〇〇二年、三次元レーザー実測などの新しい手法を使ってそれらの細かい形状を分析したところ、後世の造作の疑いはほとんど消え、青銅器時代に、当時の銅の斧の形を忠実に彫ったものであることの可能性がきわめて高くなった。

†斧のシンボル化

この柱石は紀元前二一〇〇～二四〇〇年ころに立てられたと考えられるので、斧形が彫られたのはそれ以降、青銅器時代の前半のことらしい。新石器時代の後半にストーンヘンジの造営が始まり、青銅器時代の前半にそれが完成されたとき、石に斧形が彫られたということになる。さきにみたネザー・ラージー北およびリ・クルーインの積石墳丘墓も、同じころの所産である。ただし、二つの積石墳丘墓はストーン・サークルを伴わない。このころになると、ストーンヘンジのように複雑に発達したものを除けば、新石器時代以来のストーン・サークルは消え去りつつあったのである。斧形は、もっぱら青銅器時代の記念物を特徴づけるシンボルということができる。

ただし斧そのものは、それが石で作られていた新石器時代からずっと、特別に意識されてきた道具であった。新石器時代のストーン・サークルの多くが、斧の石材をめぐって人びとが行き来する要地に営まれていたことは、前章で述べたとおりである。さらに、ブリテン島の各地からは、透き通った緑色のヒスイで作った、宝石のかたまりのように美しい磨製石斧が発見される。これらはアルプス地方の原産で、大陸を横切り、海を渡ってはるばる流通してきたものである。もちろん実用ではなく、象徴物として大切に保持されていたに違いない。美しい貴石が装飾品ではなく、斧の形の象徴物に仕立てられた点に、斧に対する当時の人びとの特別な認識を見て取れる。この認識が、青銅器時代の斧形のシンボルにつながった可能性は高い。

同じころ、ヨーロッパの本土では、磨製石斧を副葬する墓が目立つようになる。ただしこの石斧は、本体の中央に孔をあけてそこに柄を挿入し、上側はこぶし状に厚みをつけ、下側は切先状に尖らせた形で、対人用の武器であることは明らかである。「闘斧」または「戦斧」とよばれるこのまがまがしい斧を墓に副葬する文化は、紀元前三〇〇〇年を少し過ぎた新石器時代の終わりから青銅器時代の初めにかけての五〇〇年ほどのあいだ、今のロシアの東部からバルト三国、ポーランド、ドイツ、デンマークおよびスカンディナビア半島の南部にかけて広く流行した。

斧の特別視やシンボル化は、ヨーロッパ以外の世界各地の先史文化でも、しばしば認められる。たとえば中国では、斧から発展した鉞《えつ》（まさかり）が、有力者の象徴物として発達する。朝鮮半島の新石器時代には、最大のもので長さが五〇センチメートルを超えるような長大な磨製石斧が現れ、それを含めた一三〇点余りを副葬していた例がある。特別な石斧を多数埋納する例は、西洋人が来る前の北米で栄えたミシシッピ文化にも認められる。

日本列島でも、新石器時代の古い段階に当たる縄文時代前期の秋田県東成瀬村上掵《うわはば》遺跡で、やはり長大な磨製石斧四本が、意図的に埋納されたとみられる状態で出土した。光沢のある灰緑色の「アオトラ」と呼ばれる片岩製で、北海道の日高地方から海を渡ってもたらされた石材である。遠いところで採れる美しい石で斧を作るという行いは、ブリテン島のアルプス産ヒスイ製石斧と同じである。象徴物として特別視された石斧に違いない。

図4-3　上掵遺跡出土の大型磨製石斧（秋田県立博物館提供）

†文明を開く斧

このように、斧は、新石器時代以

来、数ある道具のうちでも特別な存在として貴重な石材で美しく作られたり、実用を離れてシンボル化されたりしてきた。斧の特別視とシンボル化は、新旧両大陸にわたる世界各地で普遍的にみられる現象である。したがって、これもまた、前章でみたような太陽の運行や生死の循環に対する注意などとともに、ヒトの普遍的な認知に発した物質文化の操作であった可能性が高い。

現代の私たちも、重たい斧の柄の端を握って腕を振り上げると、それを振り下ろした時に炸裂するパワーと破壊力を自然とイメージして、自らおののくような不思議な感覚に陥る。地球上で進化したヒトは、上下左右や重力などの物理的環境に即した身体感覚を、共通してもつようになった。こうした身体感覚に基づく心の動きをイメージ・スキーマというと述べたが、斧を振り上げたときの感覚は、重力と遠心力のイメージ・スキーマが呼び起こす心の動きであり、現在と過去の全人類に共通した認知である。さらに、その重力と遠心力がもたらすパワーと破壊力の想起も、全人類に普遍的なものといえる。斧は、物理的・機能的にも生活の根幹にかかわる道具であると同時に、そのような想起をもっとも端的かつ強烈に導く心理的器物として、地球上各地の先史文化において、特別視やシンボル化をされたのである。

太陽の運行や生死の循環という不可抗力との調和を目指した「非文明」の世界観のかたわら、斧という道具がかもし出す認知に導かれて、自分たち自身がもつ力への「気づき」も芽生えていた。紀元前三〇〇〇年を前後するころから始まった寒冷化が、紀元前二五〇〇年を過ぎて生産や生活に深刻な影響を与えるようになると、不可抗力への祈りよりも、自分たちの力で難局を切り開くほうが成功につながる場合も多いことが、しだいに意識されるようになっただろう。

剣もまた、斧と似た感覚を導く器物である。剣とよく似た道具で私たちの身の回りにある器物に出刃包丁があるが、その柄を握って切っ先を人に向けたときの感覚を想像してほしい。それがイメージ・スキーマというものである。斧が、周囲の自然に対する自分の力を想起させるのに対して、剣は周囲の人間に対する脅迫や統制を象徴する心理的器物といえる。

斧や剣に象徴されるように、周囲の自然や人間に対して能動的に働きかけ、自らの生存や繁栄のためにそれをコントロールしたり操作したりするのは、現代につながる「文明」の思想と行為である。「非文明」の社会の中で蓄積され、醸成されていた知識や技術が、新石器時代後半の寒冷化という危機を触媒にして、「文明」の思想や行為として表面化しつつあった。斧や剣は、そのような「文明」の思想や行為の象徴として、この段階の世界各地でさかんにシンボル化されるようになったのである。

†斧と剣の世界

斧や剣が象徴する「文明」の思想や行為は、ブリテン島や日本列島から見れば本土に当たる大陸のうちでも、とくに中緯度の平原地帯において、より高い率での成功を収めた。開拓して耕地を拡げ、大掛かりな灌漑で水を引き、種類を絞った作物に精いっぱいの手をかけて育てるという、自然に対する能動的なコントロールとしての農耕が、これらの地域ではこれ以降に軌道に乗ったのである。作物の生育に適した温暖な気候と、平原を流れる大河やその支流の豊富な水という環境が、高い成功率の理由だろう。いわゆる四大文明の成立である。

これらの文明に共通する「文明」の思想や行為、すなわち自分たちの力を頼み、周囲の自然や人間に積極的に働きかける態度は、集約的な農耕のほかにも、さまざまな副産物を生んだ。牧畜・金属器・戦争・王・都市・国家などである。植物に対してしたのと同じ働きかけを動物に対して行えば、牧畜となる。また、それを自然の物質界に対して行った結果が、金属器の発案や人工水路（灌漑）の建設である。金属器や灌漑は、農耕の集約化を強力に後押しした。さらに、同じ態度を人間に対して行使すれば戦争となり、それは王を戴き、都市を中心とする国家という新たな形の社会を生み出した。斧や剣は、あるときは農耕や戦争を成功に導く道具として、またあるときはそれをつかさどる王の権威の象徴として、青銅や鉄などの金属で、さまざまな道具のうちでももっとも熱心に製作された。また、斧そのものが武器として権威の象徴となったのも、ヨーロッパと中国の平原地帯に共通した現象である。中国では、斧はさらに大型化して鉞《えつ》となり、夏・殷といった初期の王朝において王のシンボルとして扱われた。

ブリテン島でもっとも古い金属の斧は、紀元前二五〇〇年ころに現れた純銅の品である。青銅器時代でも初頭のこのころには、銅と錫を混ぜた合金の青銅を使いこなす技術はまだなかった。この初期の銅斧は、先端が扇形に開き、元に向かってややすぼまるが、全体としてはずんぐりである。時期が下って紀元前二二〇〇〜二三〇〇年ころになると、先端から元に向けてのすぼまりが極端になって、いちょうの葉のような形になる。ストーンヘンジのトリリトンの柱石に印刻された形は、まさにこれである。

人間の力を象徴する斧の形が、剣の形とともにトリリトンの柱石に刻まれていることの意味は大きい。なぜなら、この柱石は、巨大な梁石を宙で支えるように人間が組んだものであり、これもまた斧や剣と同じように、人間の力の象徴ともいうべき造作だからである。太陽への祈りを演出する舞台として新石器時代に始まったストーンヘンジは、何度もの改築を経た末の青銅器時代になると、自然に向かう人間の力を象徴する記念物へと姿を新たにしたのである。そういう意味でストーンヘンジは、ブリテン島における「非文明」から「文明」への脱皮を物語る記念物だといえるだろう。

2　原ケルトの登場

†「ストーンヘンジの王」

ストーンヘンジから東へ五キロメートルほど離れたエイムズベリーという村で、二〇〇二年に大きな発見があった。学校の建設工事に先立つ発掘調査で、ローマ時代の墓地の一角に、それよりも二五〇〇年ほど古い墓が二つ、発掘されたのである。

大きいほうの一つは、もとの形や大きさは正確にはわからないが、木材を組んで造った埋葬施設を墳丘で覆った墓であった可能性が高い。埋葬された人物は、両足を曲げ、左を下に横たえられた三五〜四五歳くらいの男性である。注目すべきはその豊かな副葬品で、一六本の打製石鏃（石を打ち欠いて作った矢じりだが、もとは柄も装着された矢の束だったと思われる）と、赤・黒一組の石製の鞆《とも》（弓を持つほうの腕にはめ、発射時に返ってくる弦の衝撃から腕を守る防具）をもっていたことから、「エイムズベリーの射手」との呼び名がついた。そのほかにも、銅の小刀が三本、金の髪飾り（耳飾りという見解もある）が一対、頁岩で作った帯鉤《たいこう》（ベルトの留め具）、石の金床《かなとこ》、イノシシの牙、それに五つの土器があった。近くのもう一つの墓からは、二十代前半の若い男性の骨が発見されたが、この若者にも「射手」にも、きわめて珍しい遺伝性の骨の変形がみられることから、二人は近親者だったと考えられている。

たくさんの副葬品をもった墓は、エイムズベリーにほど近いボスコンベ・ダウンでも見つかった。葬られていたのは、大人が三人、十代の青年が一人、子供が三人の、合計七人。打製石鏃、イノシシの牙のほか、八つの土器が供えられていた。

エイムズベリーとボスコンベ・ダウンの墓は、放射性炭素年代測定によって、紀元前二三〇〇年ころに造られたとされる。これはちょうと、ストーンヘンジにトリリトンが立てられて現在見るような形に完成され、そこに斧や剣の形が彫り刻まれた年代に当たる。墓の主人公たちは、ストーンヘンジの全盛期ともいえるこの時期に生きていたことがわかったのである。そのため、とくに際立った「エイムズベリーの射手」は、「キング・オヴ・ストーンヘンジ（ストーンヘンジの王）」と英国の新聞に書きたてられた。考古学の発見のセンセーショナルな報道は、どこかの国に限ったことでもないらしい。

†個人と階層の演出

「ストーンヘンジの王」という言い方がどこまで正しいかを考えるうえで、エイムズベリーやボスコンベ・ダウンのような、青銅器時代の有力な個人墓の例を、もう少し見ておこう。

イングランドでも少し北のノーサンプトンシャーの例になるが、一九八五年に発掘されたアースリングバラの墳丘墓は、英国の青銅器時代では質・量ともにもっとも優れた副葬品をもった埋葬である。木材を組んで作った埋葬施設はすでに朽ち去っていたが、その痕跡の内側から、横向きに寝た姿勢で葬られた成人男性の人骨が見つかった。みごとな打ち欠きの技術で作った打製の石剣が一本と、打製石鏃が一二本。ほかに石の鞘、コハクの指輪、黒玉（化石化した樹木に由来する炭化物であるが、貴石の一種として扱われる）で作ったボタン状装飾品、牛骨製のヘラ状装飾品、土器などがあった。近くにはもう一人の男性とみられる埋葬があって、骨製の針が一本、副葬されていた。

アースリングバラでは、豊かな副葬品もさることながら、エイムズベリーやボスコンベ・ダウンではほとんどわからなかった墳丘について手がかりがつかめたことが大きい。径は二〇メートルほどもあり、周囲には浅い堀がめぐっている。墳丘の本体は、付近の地盤をなす石灰岩を掘り上げた砕石を積んだものだが、上面はウシの骨の層で覆われていて、頭蓋骨で数えるかぎり、その量は一八四頭分もあった。

このように、青銅器時代には、一人ないし二人の個人のために込み入った埋葬施設や大がかりな墳丘をしつらえ、そのためにたくさんの家畜を殺して捧げ、貴重な工芸品や装飾品、金属の道具などを惜しげもなく主人公とともに葬るという新しい形の記念物が現れたのである。これは、部族やそのまとまりなどの「集団」があくまでも主人公で、その中の個人や個別の家族の姿が際立たせられることのけっしてなかった新石器時代の記念物とは、性格を大きく異にしている。また、集団の平等性にもとづいた共同の願いや祈りの場とし

図 4-4　青銅器時代の墳丘墓（ドーセットシャー、ナイン・バロウズ）

てふさわしい形だった新石器時代の記念物に対し、青銅器時代に登場する新しい記念物は、特別な個人や家族を選び、その権威や力を演出する舞台ともいってよい姿に造られている。

つまり、青銅器時代の記念物は、新石器時代のそれに比べて、集団よりも個人を、平等性よりも階層性を表現した記念物と言ってよいだろう。このような記念物による、個人や階層を前面に押し出したまつりが、支配的な思潮を表す世の中になってきた。これが、新石器時代から青銅器時代へ、ひいては「文明」から「非文明」へという時代の移り変わりの、歴史的本質だったのである。

記念物の大きさが階層の高さを示すなら、「エイムズベリーの射手」は、残念ながらストーンヘンジの王とはいいがたい。というのは、ストーンヘンジ周辺の近年の調査研究を精力的に主導してきたマイケル・パーカー＝ピアソンもいうように、ストーンヘンジにもっと近いところに、まだ発掘はされていないが、さらに大きな墳墓がそびえているのである。王というか、ストーンヘンジ全盛期の築造をつかさどった偉大な指導者がいたとすれば、その墓にふさわしいのはこちらだろう。ただし、「エイムズベリーの射手」が、右腕としてその指導者をサポートするような立場だった可能性までは捨てきれない。

†酒のきずな

こうした新しい記念物、すなわち誰か一人の個人やその家族のために造られた墳墓に葬られるような人びとは、どのようにしてこのころの社会に登場してきたのだろうか。

手がかりは、彼らの埋葬に添えられた副葬品の中にある。いま紹介したすべての墳墓に共通してあるのは土器だが、実はこの土器が、手がかりそのものといってもよい。もっとも大きな特徴はその形で、ずん胴で平底。理科の実験で使うビーカーに似ているところから、文字どおり「ビーカー」と呼ばれている。

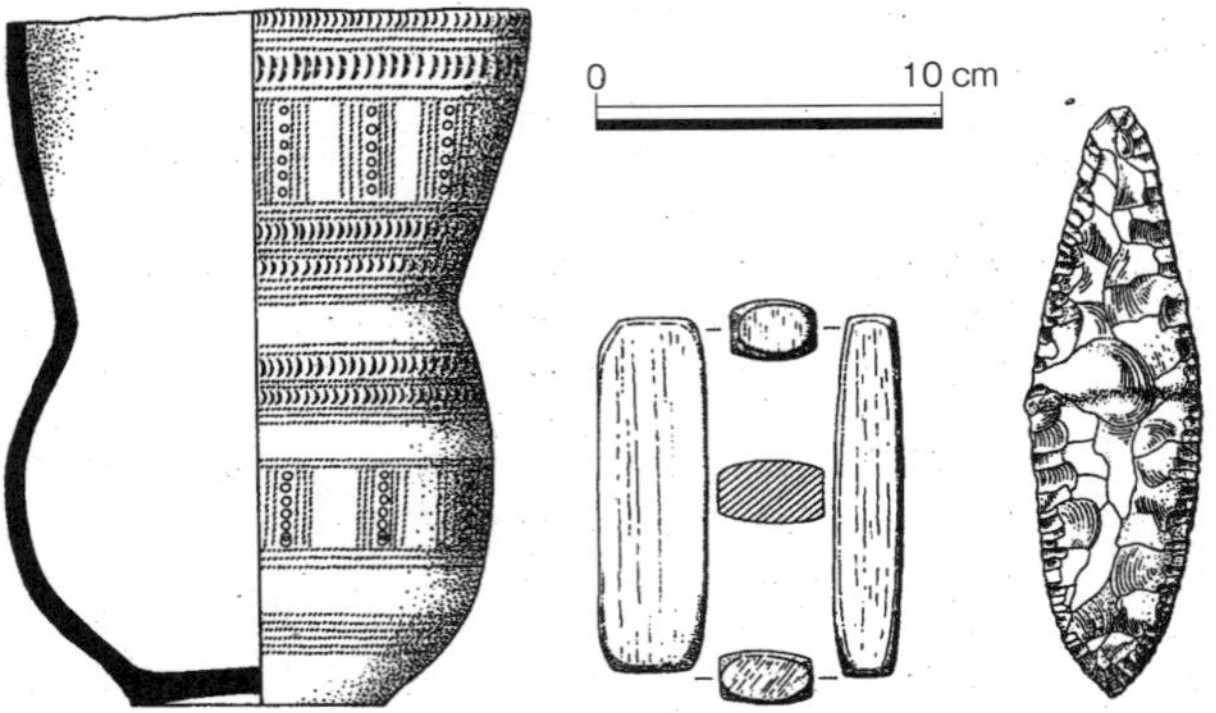

図 4-5　青銅器時代の副葬品（左からビーカー土器・砥石・打製石剣、ウィルトシャー）

ビーカーは、ブリテン島でそれまでずっと使われていた新石器時代の土器とは、系譜上つながらない、外来系の土器である。この土器は、青銅器時代の西ヨーロッパ、つまり現代の国名でいえばスペイン・フランス・ドイツを中心とする一帯に広がっているが、なかでももっとも濃密に分布するのは、ドイツ・フランス国境地帯からオランダ南部にかけてのライン川上流域である。この地域を起点にして西ヨーロッパ一帯に移動したり、活動したりしていた人びとが遺したものと考えられ、その一部が、ヨーロッパの大陸に面したブリテン島の東南部に及んでいる。

つまり、アースリングバラ、エイムズベリー、ボスコンベ・ダウンの墳丘墓に、ほかの豊かな副葬品とともに葬られたのは、つきつめていえば、ライン川上流域を中心とするヨーロッパ大陸にルーツをもっていた人であろう。ブリテン島の側からみれば、外来系の人たちである。事実、「エイムズベリーの射手」が、ヨーロッパ大陸のアルプス山脈周辺で生育期を過ごしていた可能性が、歯の成長過程に残る酸素とストロンチウムの同位体分析から示されている。

ビーカーは酒器だった。スコットランドのファイフ地方アシュグローヴで発見されたこの時期の墓の床面で、副葬されたビーカーからこぼれた液体に含まれていたらしいリンデンフラワー（菩提樹の花）の花粉が検出された。これは、蜂蜜酒（ミード）に添加されていた可能性が高い。ビーカーは、蜂蜜酒を飲むためのコップだったと考えられている。

同じ酒を酌みかわして酔いを共有することは、きずなを確かめ合うための重要な行為である。酒を禁じる文化は別だが、それが許されている場合には、酒は文化の真髄といってもよい。私たちの場合は日本酒がそうであり、その酒器であるお猪口と徳利を見れば、私たちは他のどこでもない日本の文化を想起する。

ビーカーを副葬した人びとにとっては、ビーカーもまた同じような存在であったに違いない。彼らは、一つの文化を共有しているという仲間意識によって結ばれた集団として、ブリテン島に登場してきたと考えられる。

†鋳物師たちのネットワーク

彼らが登場したいきさつを考えるうえで、もう一つの手がかりとなるのは、「エイムズベリーの射手」に供えられていた銅の小刀、金の髪飾り、石の金床である。これらはいずれも、金属加工という、新石器時代にはなかった新しい技術を体現している。つまり、これらを大切そうに副葬している彼らは、金属加工を生業とする「鋳物師《いもじ》」のような存在だった可能性が高い。

さらに注目すべき事実として、ビーカーや、初期の金属加工に関連する品々が分布する地域では、斧や剣や装身具などの青銅器や銅器を数点から数百点も埋めた、「ホード」とよばれる穴がたくさん見つかる。これらのホードには、銅や青銅や金で作られたさまざまな道具の製品とともに、使い古して欠けたり穴があいたりした中古品や、再利用に供されたとみられる青銅の破片がしばしば収められている。

このことから、ホードは、宗教的な奉納というよりも、金属器の製作や修理を生業とする人びとが、仕事上の目的で原材料をストックしておいた場所ではないかとみられている。

青銅器時代でも古くさかのぼる紀元前二〇〇〇年ころ以前のブリテン島のホードとしては、金の腕輪が二つと銅の剣が一本、ビーカーのかけらとともに埋められていた英国中部レスターシャーのロッキングトンの例がある。同じころの少し大規模な例は、ブリテン島でも北方のスコットランド・アンガス地方のオーフナクリーのホードで、いずれも青銅の斧が三点、ナイフが二点、腕輪が一点、埋納されていた。ホードの風習は、これよりのち五〇〇年ほど続くが、時代が下るごとに規模が大きくなる傾向がある。

ホードは、このように、鋳物師たちが、重くて持ち歩けない「商売道具」を、行く先々の秘密の場所に隠匿し、必要に応じてそれを取り出して修繕したり、新しい道具として鋳なおしたりするための拠点だったに違いない。金属が普及し始めたばかりの当時、それはまだ、限られた人たちしか手にすることのできない貴重品であった。また、ごつごつした鉱石からきらきらした金属を取り出す技術も、限られた人たちの間でしか伝授されない秘儀だったと考えられる。

このように、金属加工は、権威と富とを生み出すための特権だった。それを握るのに成功した一部の人びとが独自のネットワークを作り、技術や材料だけでなく、飲酒などの文化も共有しながら、ヨーロッパ一円に散らばり、行く先々で富と権威を身に付け、死ねばその商売道具や作品とともに大きな墳墓に葬られたのであろう。

†原ケルトの広がり

このような、金属加工をなりわいとしてヨーロッパの各地に散らばって富と力を蓄えた人びとの出自を考えるとき、つねに議論にのぼるのが「ケルト」と呼ばれる集団の正体である。

ケルトとは、古い時代に中央アジアから西進してきた集団の一派で、言語や文化のうえでヨーロッパの基層を形成したと考えられてきた人びとのことをいう。考古学では、青銅器時代の後半から鉄器時代にかけて、すなわち紀元前一〇〇〇年を過ぎてからの数百年のあいだ、現在のフランス、ドイツ、オーストリア、チェコなどのヨーロッパ大陸中央部で栄えた文化の担い手が、ケルトに当たるとみなされてきた。馬を駆り、丘の上に城砦を築き、地中海や北海の地方と広く交易をし、戦車などを副葬する大きな墳丘墓を築いた人びとである。さらに時期が下ってローマ時代になると、その支配にときに立ち向かい、ときに傭兵や商売相手ともなる辺境民の雄として、歴史記録に登場することになる。

このようなケルトの活動期に比べると、紀元前二〇〇〇年をさかのぼる鋳物師たちは、ずっと古い時代の人びとであるから、ケルトと直結させるのはむずかしい。しかし、彼らが自分たちのシンボルであるかのように墓に入れていたビーカーの分布域は、いま述べたような後のケルトの文化域とほぼ完全に重なっている。ホードをもち、墳丘墓を築き、多数の金属製品を副葬する点も共通する。さらに、まじめな実証的学問からは少し外れるかもしれないが、ビーカーで飲んでいたと考えられる蜂蜜酒が、後世に伝えられたケルトの神話の中で大きな役割を演じることも興味深い。

これらのことから、金属を軸とする新しい社会や文化を、ブリテン島も含むヨーロッパ一円に最初に広めた人びとという意味で、ミードを飲み、大きな墳丘墓を築いた紀元前二〇〇〇年以前の鋳物師たちの結びつきを「原ケルト」と呼んでみるのは、必ずしも的はずれではないだろう。

†集団から個人へ

新石器時代から青銅器時代にかけてのブリテン島の動きを、個人の墳丘墓と金属の登場という二つの大きな出来事を軸にたどってきた。遺跡でいえば、ウェールズとスコットランドの積石墳丘墓を訪ねたあと、完成期のストーンヘンジをもう一度見て、周辺に分布する墳墓を概観した。次の節でそのあらましを、同じ時代の日本列島の動きと比べてみるためにも、ここでざっとまとめておこう。

新石器時代も終わりが近づいた紀元前三〇〇〇年ころから、だんだん深刻になる気候環境の悪化の中で、人びとは、かつてのように季節や太陽のめぐりに対して祈るよりも、自分たちの力を斧や剣で象徴し、難局に立ち向かおうとする傾向を強めていった。鉱石の中から金属を取り出す方法を、おそらくは気の遠くなるような観察と試行錯誤の繰り返しによって編み出し、ついに石より数倍鋭く長持ちもする斧や剣を手に入れたのも、このような新しい態度と認識、すなわち「文明」につながる知の産物だったにちがいない。

難しい局面を切り開くことのできるような思い切った判断は、保守的になりがちな集団の合意からはつくられにくい。進取の気性に満ち、なおかつ明晰な知力をもった個人から、そうした判断は生み出されただろう。集団よりも個人が、社会の表に立ちつつあった。

このような状況の中で、目端のきく個人は、東方のメソポタミアで考案された銅や青銅の斧、青銅の剣などを手に入れ、優れた道具として、もしくは高価な交換財として、あるいはまた権威の象徴として、それらを自らの利に役立てようとした。紀元前二五〇〇年ごろにさかのぼるブリテン島最古の銅の斧は、こうした個人の裁量や、それに率いられた人たちによって持ち運ばれてきたものだろう。銅や青銅の斧の形を自らの墓に彫り込んだスコットランドの積石墳丘墓の主たちも、そのような人びとだった可能性が高い。

それから数百年のうちに、ヨーロッパ大陸で台頭し、技術や原材料の交換や蜂蜜酒のきずなで互いに結びついた鋳物師のネットワークが、ブリテン島にもじかに及んできた。大陸からやってきた鋳物師や、その技術や人脈を受け継いだ後継者たちは、強力な金属器のプロヴァイダーとして経済的・心理的に地元の人びとの優位に立ち、大きな墳墓に葬られるような威信と地位を得るまでになった。「原ケルト」の登場である。それまでは集団が太陽に祈る舞台だったストーンヘンジを、トリリトンを架構したりそこに斧や剣の形を彫りつけたりして、人間の力を誇示する装置に造り替えたのも「原ケルト」であった。

†文明への敷居

新石器時代から青銅器時代にかけてのブリテン島では、以上にみてきたように、大きな環境の変化によって、それまでの集団の伝統性や保守性の限界を突破した新しい思考や行動が、生存や繁栄につながる可能性が高まった。こうした思考や行動は、個人から生み出される。成功を収めて周囲の人びとの生存や繁栄を導いた個人は、富や威信を集め、そんな人びとがリードする個人志向の社会が形成されていった。思考の因習を超えて新たなものを生み出す「科学者」たちや、それをやりとりしてうまいこと価値を導き出す「商売人」たちが、保守的な集団の枠を破って新たな社会のしくみを作り出していったのである。

このような個人志向の社会が誕生する起爆剤となった金属は、道具として機能が高いばかりではない。石にはない独特の輝きと、それを溶かして物を作るときの高い可塑性は、ブリテン島の人間社会に、純粋な意味で初めて「美術」とよべるものをもたらし、それを身に着ける個人が特別扱いを受けるための精神的基盤を、社会の中に作り出していった。同時にまた、高熱を制御して自然物をコントロールし、意図する形を作り出すという、金属加工にまつわる独特の支配感と高揚は、戦争や抑圧と同じ心の働きに根ざすものでもある。金属と個人が結びついたとき、現代文明に向けての敷居は踏み越えられた。

3　東方の「原ケルト」

†東アジアの青銅器

金属加工と個人志向を梃子《てこ》として、ユーラシア大陸の西端とブリテン島とが新しい社会へ向けて大きく踏み出したころ、反対側の東端と日本列島では、どのようなことが起こっていたのだろうか。

ブリテン島に新しい社会をもたらしたのと同じ銅や青銅の道具がユーラシアの東方に現れるのは、西方よりも遅れた紀元前二〇〇〇年ごろの中国で、最初はまだ小型のナイフや工具が主だった。大型品も含めた青銅器がさかんに作られるようになるのは、紀元前一八〇〇年を過ぎたころからである。中国の青銅器といえば、さまざまな複雑な形に発展した容器が有名だが、斧や剣も多い。とりわけ斧は、さきにも触れたように大型化して「鉞」となり、紀元前一七〇〇年ごろに成立する殷（商）の王朝のもとで、王を頂点とする有力者の象徴物として発展した。

殷から周の時代にかけて、中国の青銅器はさらに周辺へと広がり、紀元前一〇〇〇年を少しさかのぼるころ、今の遼寧《りようねい》省や吉林《きつりん》省などの東北部をへて朝鮮半島へと伝わった。ナスビを平たく伸ばしたような独特な形をした青銅の剣で「遼寧式銅剣」と呼ばれている。

遼寧式銅剣は、朝鮮半島でややスマートな形に改良され、「細形《ほそがた》銅剣（韓国式銅剣）」となって普及した。どこまで実用されたかは疑わしいが、車や馬具にかかわる道具、そして鏡なども作られるようになり、朝鮮半島では独特の青銅器鋳造が発展した。

紀元前九〇〇年に近づくころから日本列島に水田稲作が伝わり、遼寧式銅剣も断片的にはもたらされている。しかし、大量の青銅器が列島に現れるのはさらに五〇〇年以上をへた紀元前四〇〇年ころからと考えられ、結果として、ブリテン島よりも、青銅器の普及は二〇〇〇年以上も遅れることとなった。直接の起源となった中国の青銅器そのものの登場が西方に比べると遅かったこと、大陸の中心からの距離がブリテン島よりも遠く、またはるかに広い海峡に隔てられていたことなどが、その原因とみられるだろう。

とはいえ、石から金属へという時代の推移を大づかみにしてみれば、二つの地域は同じプロセスをたどっている。また、日本列島を含むユーラシアの東部は、金属が現れてからのちの変化が早く、紀元前最後の二〇〇〇年間という枠組みのなかでは、二つの地域の変化はほぼパラレルといってよい。青銅の出現と普及の過程などにみられる細かい時間差は、むしろ、世界史的普遍性の中の個性としてとられるだろう。こうした点を念頭に置き、この間に日本列島で起きたことを、前節でみたブリテン島での出来事と対比しながら、少し

図4-6　吉武高木の「最古の王墓」に副葬された剣・矛・鏡・玉（福岡市埋蔵文化財センター所蔵）

細かく見ていきたい。

†個人を際立たせる墓

古い話になるが、一九八四年、福岡市西区の吉《よし》武高木《たけたかぎ》遺跡で大きな発見があった。弥生時代は前期・中期・後期の三つの時期に分けられるが、その前期から中期に移り変わる紀元前四〇〇年ごろの木棺墓から、青銅の剣が三本、矛が一本、鏡が一枚、およびヒスイの勾玉を親玉とする一連の首飾りが出土したのである。ここまで豊かな品々を副葬する墓がこれほど古い時期にあることはほとんど知られていなかったので、新聞には「最古の王墓」という見出しがおどった。

ただし私には、この墓は、前の節でくわしく述べたブリテン島青銅器時代の「鋳物師」の墓と重なって見えた。豊かな副葬品で個人を際立たせた墓としては列島で最古であること、供えられた青銅の剣と鏡は朝鮮半島からもたらされた当初のもので、そこをルーツとする外来的な性格が強く感じられることなどが、その理由である。

青銅器を副葬するこのような墓は、朝鮮半島ではもっと古くから認められる。朝鮮半島に中国から青銅器が伝わったのは、先に述べたように紀元前一〇〇〇年を少しさかのぼるころであるが、ちょうどその時期から、単なる土壙墓《どこう》（地面に穴を掘って遺体を埋める、もっとも簡単な形式の墓）だけではなく、石棺墓・支石墓・区画墓など、さまざまな種類の大きな墓が、競って築かれるようになった。支石墓は、木棺や石棺の上に巨石を組み上げて墓標としたもの。個人のために大きな労力をつぎ込んで目立った形に造るという点では、ヨーロッパの墳丘墓と同じである。区画墓は、まわりに溝をめぐらせたり石を貼ったりした墳丘をもつ墓。平面は長方形のものが多く、最大の例は長辺が三〇メートルにもおよび、ヨーロッパの墳丘墓の中でも大きなほうの例に匹敵する。

これら各種の墓には、埋葬された個人の地位や、社会での活動ぶりを反映する副葬品がしばしば収められている。もっともよくみられるのが、磨いて作った石の剣と矢じり（本来は矢か）であることは、ヨーロッパの青銅器時代の墳丘墓と同じである。青銅の副葬品

図 4-7　支石墓群（佐賀県、久保泉丸山遺跡、移築復元、後方は古墳）

としては、初期には斧もみられるが、年代が下るにつれて剣が増えてくる。また、赤く塗られた小さな土器の壺を供えることが多いのも、ヨーロッパのビーカーと似ていて興味深い。壺の中身は、ビーカーの蜂蜜酒に対して米から作った酒ではなかったかと考えると楽しいが、今のところ、まだその証拠は見つかっていない。

このように、ブリテン島と同じように朝鮮半島でも、青銅、すなわち金属の道具が伝わって広まるのとともに、外見や副葬品で個人を際立たせた墓が作られるようになった。紀元前一〇〇〇年を過ぎたころであるが、これは、紀元前三〇〇〇年前後から本格化した気候の寒冷化がどん底に達したときにあたる。

ユーラシアの西端と同じように、東端においても、それまでの集団的な保守志向を支えてきた環境が悪化することによって、個人が生み出す新しい思考や行動が成功に結び付きやすい社会が訪れたのである。成功した個人の墓に、それを顕彰するかのように収められた品が武器であったり、金属器そのものであったりするのは、個人ベースでの利の追求や武力の誇示が当たり前として認められる「文明」の世界史段階に向けて、ユーラシアの東端も一歩を踏み出したことを示している。

†縄文から弥生へ

朝鮮半島で、新しい社会への変化とともに台頭してきた個人の墓の流行は、日本列島にも及んだ。それには何回かの波が認められる。

第一の波は、紀元前九〇〇年を前後するころで、巨石を墓標とした支石墓が九州北部の沿岸地帯に現れた。朝鮮半島のとくに南部のものと同じ形であり、そこからきたとみられる磨製の石の矢じりを副葬した例もある。周溝をもった区画墓（方形周溝墓《ほうけいしゅうこうぼ》）も、小さいものではあるが、同じころに九州北部に伝わった。この第一の波とともに、水田で米を作る技術や道具のほか、集落などのまわりに溝を巡らせる風習（環濠）などももたらされている。日本の考古学や歴史学では、水田をことのほか重視して、それが列島に伝わったこのときからを「弥生時代」と定義している。しかし金属器は、遼寧式銅剣がごく断片的に入ってきたことをのぞくと、この第一の波では列島に定着しない。

金属器が定着したのは、紀元前四〇〇年ごろにやってきた第二の波による。さきに紹介した吉武高木の木棺墓は、このときに、本格的な金属器とそれを用いる習俗や技術をたずさえて朝鮮半島からやってきた有力な個人の墓だろう。このころ以降、青銅も鉄も、九州北部を中心に本格的に広まり、さかんに使われるようになった。青銅器の剣・矛《ほこ》・戈《か》（柄に対してほぼ直交する向きに切っ先をつけた武器）および鏡は、まもなく列島内でも鋳造されるようになる。鉄器も、当初は中国東北部産とみられる斧などのスクラップを磨きなおして使っていたが、火を使って鍛造する技術がまもなく現れた。

このように、ユーラシアの西端と同じように東端においても、金属器の製作や流通を握ることを梃子にして経済力や武力を帯び、その力を自他ともに認めるかのように際だった墓を作って、武器や金属器とともにそこに葬られる有力な個人たちが現れた。朝鮮半島を舞台にして本格化したその活動は、やがて海を越え、彼らが体現する新しい思想や社会を列島にもたらした。彼らの歴史上の役回りは、ユーラシア西端の「原ケルト」に等しい。

東方の「原ケルト」と呼んでもよいくらいである。

もっとも、従来からの日本史や日本考古学では、そのような見方はしない。「日本」という所与の領域があり、そこにまず縄文文化が栄えたところに、大陸からの「渡来人」が伝えた水田稲作を受容して、弥生文化・弥生時代へと移行したのだ、と理解する。この見方の違いは、宇宙船に乗ってユーラシア全体を見下ろしているか、日本列島の地上に座って見えるかぎりの周囲をながめているか、という、歴史をとらえるときの視点の位置と視野の広さの差であるかのように見える。

しかし、実際にはそれにとどまらない。その後のブリテン島（英国）と日本列島（日本）がそれぞれどのような歴史を歩み、現代に至り、その現代に生まれ育った両国の歴史学者や考古学者の思考をどのように形成したか、という問題に深く根ざしている。次章では、この問題の一つの鍵となる「原ケルト」の概念もさらに吟味しながら、両地域の歴史の歩みがそれぞれの個性を明らかにしはじめた鉄器時代・弥生時代の遺跡を訪ねてみよう。

第五章
帝国の周縁で

ダン・カーロウェイ

1　弥生の国々

弥生時代の大集落

九州の大都会・福岡市の博多駅から佐世保・長崎または佐賀行きの特急に乗り、鳥栖《とす》で在来線に乗り換えて佐賀方面に向かうと、まもなく「吉野ヶ里公園」という駅に止まる。吉野ヶ里公園は、弥生時代の大規模な集落遺跡を整備した国営の歴史公園。一九八六年に始まって今に続く発掘調査で積み重ねられた成果が、復元や展示によってビジュアルに示されている。教科書にも出てくるので、修学旅行などで訪れた人も多いだろう。

吉野ヶ里の最大の特徴は、多重に巡らされた環濠（堀）である。もっとも外側の環濠は、北の脊振《せふり》山地から南の佐賀平野に向かって低い半島状に延びた丘陵をふちどるように、南北約一キロメートル、東西約五〇〇メートルの範囲をとり巻く。深さ二メートル前後、幅二・五～三メートル。堀の外側に沿って土塁も巡っていたと考えられており、その堂々た

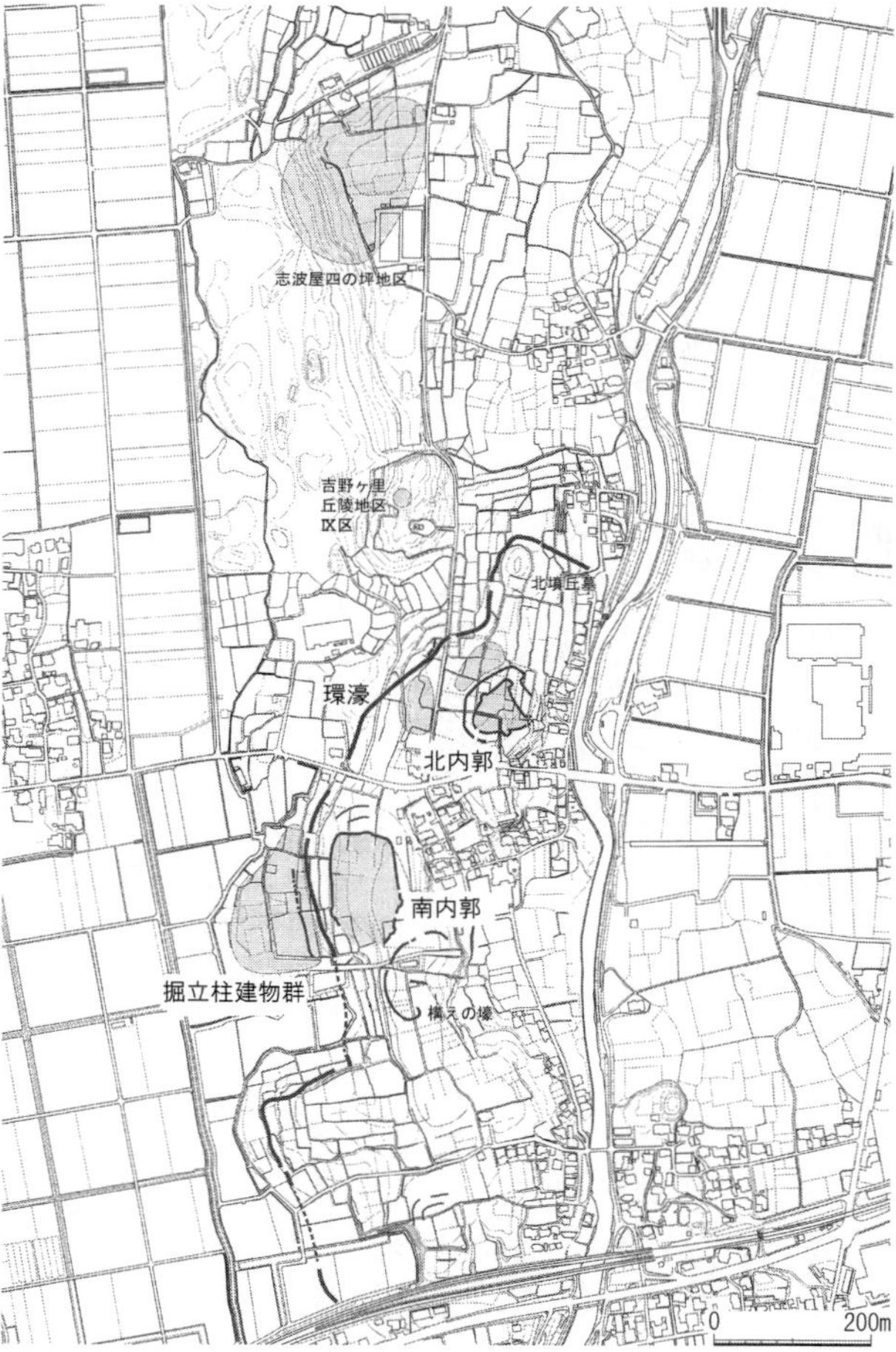

図 5-1　吉野ヶ里遺跡

る威容が復元されている。

内側には、さらに小さな環濠で囲まれた区画が複数ある。そのうちの「北内郭」は、二重の環濠で囲まれた平面が砲弾形の区画で、両脇にそれぞれ一つ、底辺に二つの出っ張りがあり、「オバケのQ太郎」を連想させる。オバQの両手両足に当たるこれらの出っ張りの内側では、物見やぐらとみられる建物の柱跡が見つかった。

オバQの顔のあたりには、四本が四列に並んだ計一六本の柱によって支えられた、巨大な掘立柱建物の跡があった。建物の壁沿いだけでなく、内側にもぎっしりと柱を並べたこのような建築は「総柱」と呼ばれ、倉庫や望楼など、上から大きな重量のかかる建物に多い。今は三層の建物に復元され、「主祭殿」と名づけられている。もちろん想定だが、もっとも目を引く特別な建物だったことは疑いない。これを核とする北内郭は、集落の宗教的な営みを受けもった区域であろう。対して「南内郭」はやや広く不整形で、やはり出っ張りがあり、復元の物見やぐらが建っている。集落のリーダー層の居住域だったという推定が正しければ、ここは集落の政治的なことがらをつかさどる場所だったとみてよい。

さらに、南内郭の西側には、小型の掘立柱建物の柱の跡が群集していた。復元されたそれぞれの建物には、「市の倉」「雑穀の倉」などと用途の説明を記した札が立てられている。

図 5-2　吉野ヶ里遺跡北内郭の環濠・「主祭殿」・物見やぐら

見学者にイメージをふくらませてもらうための想定であるが、集落のこの部分に、物資や器財などを管理する倉が建ち並んでいた可能性は高い。経済的な役割を受け持つ区域だったと考えられる。

†国々の発展

このように、吉野ヶ里は、もはや単なる農村ではなく、宗教・政治・経済などの社会機能をそれぞれに果たすための区域を備えていた。おのおのの規模からみて、この集落だけではなく、地域全体の宗教・政治・経済の諸活動を引き受けるほどの中枢性をそれらはもっていたと考えられる。

弥生時代の日本列島のことを記した中国の歴史書には、「国」という概念が出てくる。弥生時代中期の後半に当たる紀元前二世紀ごろの書物には、日本列島に一〇〇あまりの「国」があると書いてある。その字義からみて、当時の中国の人びとがいう「国」とは、ただ農村が集まっている地域ではあるまい。国というからには、そこでまつりごと（政治と宗教）が行われ、取りしきる王がいて、その居場所がある。またそこには多くの人びとが集まってきたり住んだりして、物資やサービスを交換する拠点を作っている。地域の中で中枢性をもったこのような場所や、そこにまとまった人びとの集団が、中国の歴史書にいう「国」の実態であろう。

吉野ヶ里は、このような「国」の拠点としての特徴を備えていると考えてよい。ただし、今日復元されている吉野ヶ里の姿は、弥生時代も終わり、次の古墳時代をむかえようとしていた紀元後二〇〇年前後のものである。つまり、弥生時代の国の完成形を示す遺跡といえる。このような国の姿は、紀元前一〇〇〇年を過ぎてから始まる弥生時代の歴史の中で、どのようなプロセスで作られてきたのであろうか。

国の外見を形づくるさまざまな要素のうち、もっとも早くに現れたのは環濠である。前の章で述べたように、日本列島に少し先がけて金属器の時代に入った朝鮮半島では、紀元前一二〇〇年を過ぎるころ、すでに環濠をもつ集落が現れていた。これが、水田稲作や支石墓、磨製の石剣・石鏃などとともに、まず九州北部へと伝えられたのである。

こののち環濠は、水田稲作や磨製石剣・石鏃の伝播と同じ波に乗って、東の地域へと広まった。紀元前五〇〇年ごろをすぎた弥生時代の前期後半には、中国・四国から近畿・東海にかけて、環濠を伴う集落がいっせいに出現する。ちょうどこのころ、青銅器と鉄器の普及が始まり、それらの製作や流通をにぎった有力な人物たちを核に、列島は本格的な金属器社会へと移り変わっていった。金属器社会への移行とともに、環濠で威容を演出する弥生時代の国々は産声を上げたのである。

†市民が守った出雲の国

このころの国の姿を今にとどめる貴重な遺跡が、山陰の出雲にある。島根県松江市の田《た》和山《やま》遺跡。宍道湖の湖面を北に見下ろし、はるか東方に大山《だいせん》を望む標高四六メートルの山頂を、三重の環濠がとり巻いている。紀元前四〇〇年ごろに造られた当初は一重の環濠だったが、まもなく三重に増築され、弥生時代中期末の紀元前一世紀ごろまで存続した。環濠と環濠のあいだは掘った土を盛り上げた土塁になっていて、その頂部から環濠の底までは、深いところで五メートル以上もある。

いかめしい三重の環濠に囲まれた山頂部は、ご飯をよそうシャモジのような形をした狭い平面で、周囲に柵がめぐり、その内側には大小二つの掘立柱建物が見つかった。大きいほうはシャモジの広くなった部分の真ん中にあり、三本が三列に並んだ九本の総柱の建築。吉野ヶ里の「主祭殿」のような、国の中核的な施設であろう。小さいほうは、さいころの「五」の目のように並んだ五本柱で、中央の柱がとくに太い。この太い柱で支えなければ

図 5-3　田和山遺跡の山頂部と環濠

ならないほどの高さをもった建築だったと考えられる。シャモジの柄の先、斜面ぎりぎりに建っていた点からも、吉野ヶ里の物見やぐらのような役割が想定できるだろう。

このように、田和山の三重環濠は、吉野ヶ里の内郭に当たるものらしい。住人が寝起きした竪穴建物（竪穴式住居）は、すべて三重環濠の外側にある。吉野ヶ里のように、竪穴建物群のさらに外側にもう一重の環濠があるのかもしれないが、まだ確認されていない。

田和山遺跡からは、たくさんの土器や石器が出土した。そのなかには磨製の石剣や多数の打製石鏃（石を打ち欠いて作った矢じり）もあって、ここに居を構えた人びとが武力の備えを怠っていなかったようすがうかがえる。

さらに注目すべきことに、楽浪郡《らくろう》（中国の漢王朝が東方の諸民族を監理するため今の平壌《ピョンヤン》付近に置いた出先機関）のあたりから伝わったと考えられる石のすずりの断片が見つかった。紀元前の出雲の「国」に文字を使える人がいて、中国との交渉にあたっていた可能性がうかがえる。

弥生時代の国々の大半は、環濠は埋まり、土塁も削られて、地上にその姿をとどめていない。今見る吉野ヶ里遺跡の環濠と土塁も、多くは復元されたものである。こうしたなかで田和山は、弥生時代の環濠や土塁が原状をとどめ、国の中枢部の威容を現代でも実感できる日本でほぼ唯一の遺跡である。市民病院の建設のために調査後に破壊される寸前までいったのを、地元を中心にした市民の団体が手弁当で裁判まで起こして守り抜き、ついには国史跡の指定を勝ちとった。古代出雲の旅では絶対に外せない見どころである。

†近畿と東日本の国々

環濠集落を舞台とした国々が、日本列島の広い範囲でいっきに発展したのは、田和山の最末期にあたる弥生時代中期の後半、紀元前一〜二世紀のころである。近畿の大阪府池上《いけがみ》曽根《そね》、奈良県唐古《からこ》・鍵《かぎ》、滋賀県下之郷《しものごう》や中部の愛知県朝日などの名だたる大集落が、まわりに何重もの環濠を巡らせて国の威容を競った。

これらのうち池上曽根を訪ねてみると、遺跡の範囲は街中に、そこだけ建物のない緑地や耕地として残されている。東西の二方向のみ自然の川で代用しつつ二重に巡っていた環濠は今では見られないが、集落の中央部には、吉野ヶ里の「主祭殿」に当たる建物が復元されている。東西一七メートル、南北七メートルの大きな建物で、屋根の軸をなす棟は建物両端の外側にまで飛び出し、その部分を太い柱（棟持柱）が支えていた。主祭殿の前は広場で、直径二メートルのクスノキの大木をくりぬいて枠とした井戸が設けられていた。井戸の水を利用したまつりが行われていたのであろう。

環濠集落は、東日本にも広まった。東京湾の沿岸にはとくに多数の環濠集落があり、千葉県市原市の村田川流域、東京都の荒川西岸、横浜市の鶴見川流域はその密集地帯として名高い。東京都北区の桜の名所で見つかった飛鳥山遺跡のように、たくさんの弥生の国々が都会の市街地に埋もれているのである。

そのなかで、当時の姿をしのぶことのできる数少ない例が、横浜市都筑《つづき》区の大塚遺跡である。付近に広がる港北ニュータウンの開発にともなって、長径約二〇〇メートル、短径約一三〇メートルの環濠で囲まれた集落が発掘された。約三分の一が保存・整備され、環

図 5-4　大塚遺跡（公益財団法人横浜市ふるさと歴史財団埋蔵文化財センター提供）

濠の一部と復元建物などを見ることができる。かたわらには、集落の人びとが葬られた墓地（歳勝土《さいかちど》遺跡）も復元されている。その墓のスタイルは方形周溝墓で、環濠とともに、遠く朝鮮半島にルーツをたどることができる。

†王の出現

以上のような国々の発展が、金属器の本格的な出現とともに始まり、普及とともに進んだことは先に述べた。その一つの到達点といえる紀元前一〜二世紀には、九州より東方ではまだ石器も残っていたが、それらの地域も含め、得られる素材や持てる技術に即して作られたさまざまな形態の鉄器が、各地に根づきつつあった。大陸からの借り物だった段階から、レベルに応じて使いこなせる段階へと、鉄は深く広く定着していった。

かたや青銅器は、紀元前一〜二世紀にはもっぱらまつりの道具に特化した。九州のみならず、山陰・瀬戸内・近畿・東海などの各地でいろいろな形に大型化し、たくさん作られた。環濠集落からは、これらの青銅器を作っていた痕跡がしばしば見出される。青銅器の製作やそれを使ったまつりが、国々を舞台に行うべき重要な営みになったことがうかがえる。

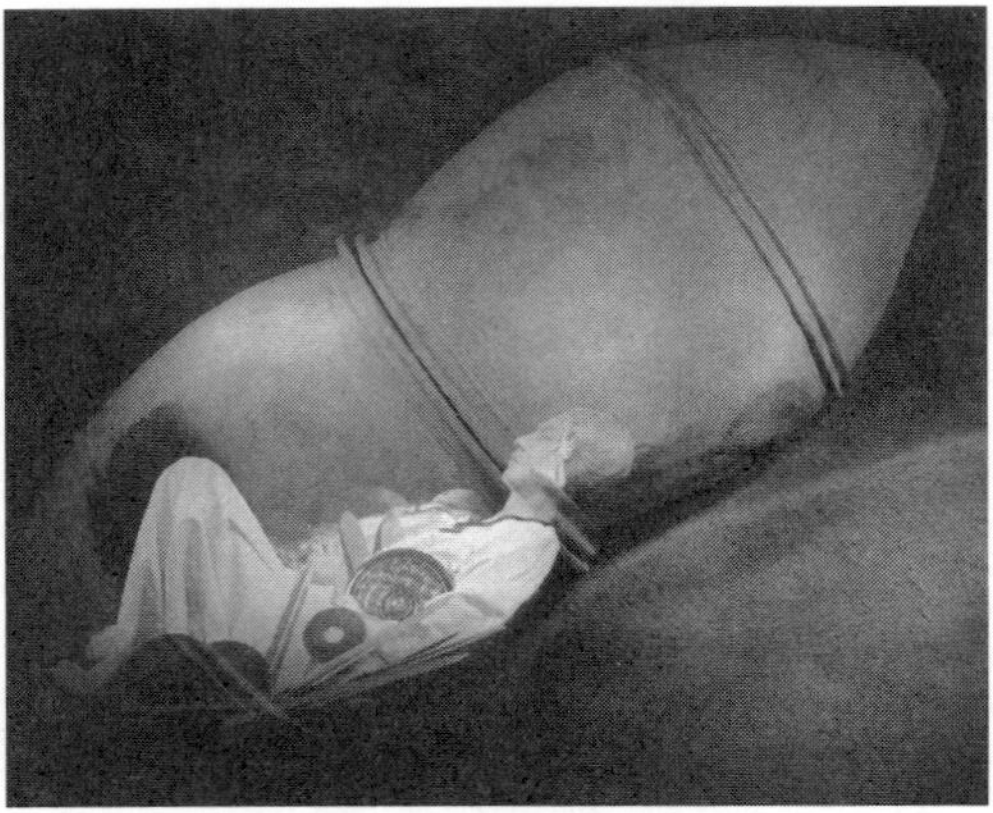

図5-5　須玖岡本の王の埋葬（復元図）、（春日市教育委員会提供）

では、国々をつかさどる王たちは、どのようにして現れてきたのだろうか。前章では、国々が芽生えた紀元前四〇〇年ごろの有力な人物の墓として、福岡市の吉武高木遺跡をみた。彼は、朝鮮半島から伝わってきたばかりの貴重な青銅の武器や鏡をたくさん副葬していた点から、それを入手し、流通を押さえることで富や権威を握ることに成功した人物だと考えられる。当時の彼が本拠にしていた国のようすはまだよくわかっていないが、時代が下った紀元前一〜二世紀には、同じ吉武高木の一角に、吉野ヶ里の「主祭殿」よりもさらに大きな建物が設けられている。彼の後継者がつかさどった国の中枢だろう。

この紀元前一〜二世紀が、弥生時代の国々がいっきに発展した時期であることは先に述べたが、福岡県春日市の須玖岡本《すぐおかもと》遺跡や糸島市の三雲南小路《みくもみなみしょうじ》遺跡では、このころの王と思われる人物の墓が見つかっている。どちらも長辺約三〇メートル、短辺約二〇メートルというきわめて大きな方形周溝墓で、墳丘の中に、以前にもましてたくさんの青銅の武器や鏡などを副葬した甕棺《かめかん》（人を埋葬するための大きな素焼きの甕）が埋められていた。このうちの三雲南小路には一号・二号という二つの甕棺があり、一号棺にはたくさんの青銅製武器・鏡・玉が収められていたのに対し、二号棺は武器はない代わりに装飾品が豊かだった。このことから、一号と二号の主はきわめて有力な男女だった可能性が高い。そうだとすれば、これはもはや金属器の差配などをうまくやった人物が個人的に築いた墓などではなく、一族として貴ばれる男女、すなわち「成功者」から「王族」ともいえるような階層へと脱皮をとげた人びとが、紀元前一〜二世紀の日本列島に現れたことを示すものである。三雲南小路の一号棺の主は、のちに「伊都国《いとこく》」として中国史書に記載されることになる国の王、二号棺の主はその王妃であったと考えていいだろう。

†王族の発展

三雲南小路の王と王妃、および須玖岡本の王に供えられた鏡――三者を合わせると八〇面以上になる――は、いずれも中国からもたらされた逸品である。さらに、それらに交じって、ガラス璧《へき》や金銅四葉座金具《こんどうしようざかなぐ》(本来は木棺に用いる留め金具)など、中国の有力者のあいだで用いられた祭具も収められている。棺が甕であることをのぞけば、中国の王侯貴族の墓と同じだといってもよい。

次の紀元後一世紀になると、須玖岡本の王の後継者と目される人物が、中国・後漢の皇帝から金印を授かり、「王」として正式に認められた。このことは、紀元後五七年の出来事として、中国の歴史書『後漢書《ごかんじょ》』に記されているし、金印の実物も見つかっている。金印には「漢委奴國王」すなわち「漢に属する倭の奴国《なこく》の王」と彫られている。漢帝国の傘下に入り、その威光を背景として各国を本拠に支配を確立しつつあった王や王族が、九州北部に現れていたのである。

同じころ、九州より東の地域でも有力家族が台頭していた。近畿中央部、大阪市の加美《かみ》遺跡では、九州の三雲南小路や須玖岡本の王族墓と似た長辺二六メートル、短辺一五メートルの大型方形周溝墓（Y—一号墓）に二三基の木棺が収められていた。うち九基は、寸法からみて子供の埋葬らしい。周囲の方形周溝墓から独立した位置に圧倒的な規模で築かれている点、地位を高めた有力な家族の墓と考えられる。

中央のもっとも大きな木棺（五号木棺）は、木の外箱（木槨）をもつ中国由来の型式で、九州とはまた別の経路での深いつながりを、この有力家族が中国とのあいだにもっていたことを示す。とくに五号木棺の人骨は、大陸的な特徴をみせる点から、中国や朝鮮の系統をひく人ではないかとの可能性を調査者の田中清美氏は述べている。この見解を支持するかのように、かたわらの二号と一四号の木棺の主は、楽浪郡周辺でよくみられるスタイルの腕輪をはめて葬られていた。

有力家族を葬ったとみられる大型の方形周溝墓は、近くにある東大阪市の瓜生堂《うりゅうどう》や、東海地方の名古屋市と清須市にまたがる朝日遺跡などでも見つかっている。たしかに、大陸に面した九州北部とは違い、そこから五〇〇キロメートル以上も東へ離れた「奥地」の近畿や東海では、鏡や璧などの華やかな中国文物の副葬はない。しかし、一般の墓域から離れたところでひときわ大きな墳丘を誇るこれらの周溝墓は、この地域においても、王族につながっていくような高い身分の家族が登場しつつあったことを示す。

紀元後二世紀になると、大型の方形周溝墓は関東などの東日本にも現れた。山陰や瀬戸内では、島根県出雲市の西谷三号、岡山県倉敷市の楯築《たてつき》など、周溝よりもむしろ高い盛り土に力点を置いた大きな墳丘墓が発達した。これらの中心埋葬もまた中国由来の木槨であることは注意される。墳丘は、表面に石を貼ったり、供献用の土器を立てたり、三世紀に出現する古墳に引き継がれる要素を、すでに宿している。その主たちはもう、古墳時代の王族に限りなく近づいた存在だったと考えていいだろう。

2 ケルトの部族たち

†ブリテン島の環濠集落

国が発展し、そこを舞台に王族が成長していった弥生時代の日本列島と同時代、ユーラシア大陸の反対側でも、まるで鏡の像を見るかのようによく似た動きが進んだ。ブリテン島の鉄器時代である。

青銅器時代も後半に入った紀元前一四〇〇年ごろ、ブリテン島にも日本列島と同じような環濠集落が現れた。イングランド独特のゆるやかに盛り上がった丘の上や、ウェールズ特有の険しい山の頂など、高いところにあるものが多いので、それらは「ヒルフォート(丘上防塞)」と総称されているが、実際には、海岸や河谷に臨んだ台地の端や、小さいものなら低地にも営まれている。鉄器時代が始まる紀元前八〇〇年ごろには、ブリテン島のほぼ全土に広がり、これから述べるような巨大なものが出現した。

イングランド南部、ドーセットシャーのメイドゥン・キャッスル(英国風の発音ではメイドゥン・「カースル」のように聞こえるが、すでに日本では「キャッスル」で紹介されているのでそちらに従う)。このあたりの中心都市ドーチェスター郊外の低い丘の上にある。

英国一、全ヨーロッパでも屈指の規模をもつこの環濠集落のみごとな空中写真は多いが、地上からの威容ということになれば、南東側、国道A三五四号線をはさんだ丘の上から見下ろしたときがベストだろう。長径一キロメートル強、短径約五〇〇メートル、巨大な足の裏のような形に低い丘を取りかこむ三重の堀と土塁の全体像がよくわかる。集落の正面入口は、反対側へ回り込んだ西側にある。集落の全体形を足跡にたとえた先の言いかただと、ここがつま先に当たる。もう一つの小さな出入口が東側、かかとの先の位置にある。

図 5-6　メイドゥン・キャッスルの巨大な土塁と環濠（中央・環濠の底に筆者が立つ）

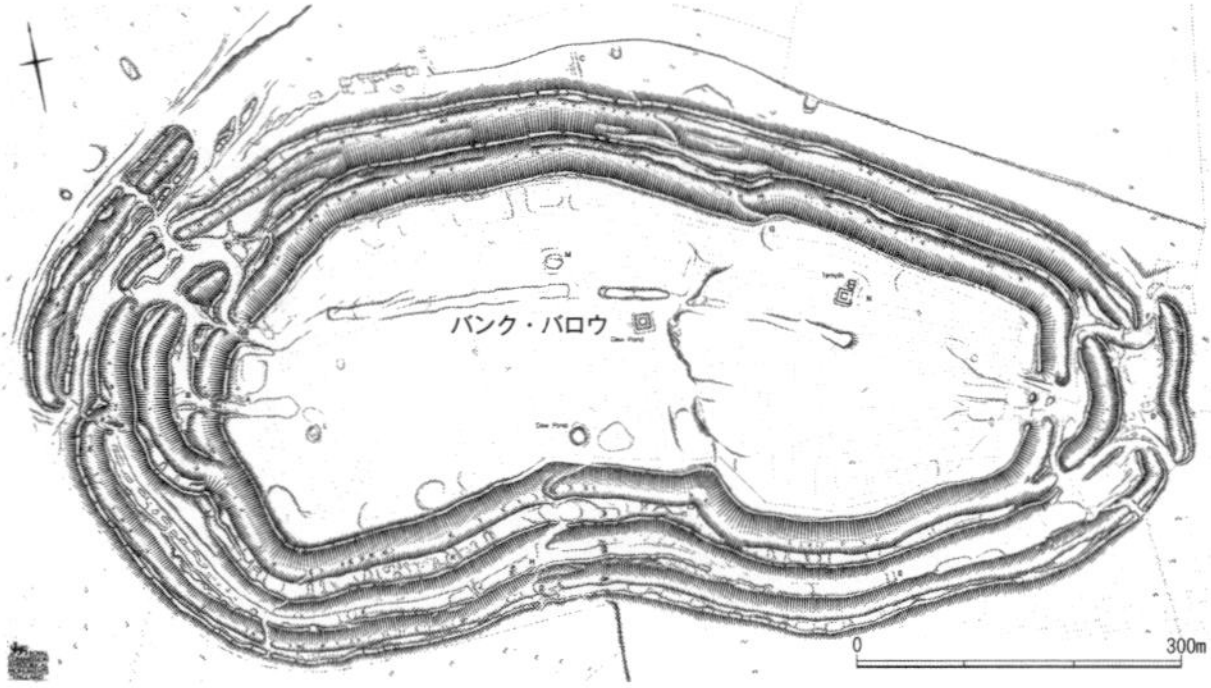

図 5-7　メイドゥン・キャッスル

正面入口の前に立つと、土塁の重なりが、次々と押し寄せる大波のように、近づく者を圧する。左右から延びてくる三重の土塁が、ここで指を向かい合わせたような格好になっているのである。さらにその外側に、この部分だけもう一重の「目かくし」状の土塁が築かれている。進入する者は、そのいずれかの端まで行って回り込み、さらに内部に迫るためには、向かい合った指の間を三回ほども曲折しなければならない。彼や彼女が集落にとって敵ならば、何度も曲がってうろうろしているうちに、土塁の上から弓矢や投弾（紐を使って遠心力で飛ばす石つぶて）で狙い撃たれ、あるいはそこから駆け降りてくる守り手に組みつかれ、むなしく倒れてしまうだろう。この出入口の備えが、攻め来る者への守りを固め、ひいてはそれを印象づけて「我ら備えあり」との威容を誇示するために、莫大な労力と時間をつぎ込んで整えた造作だったことは想像に難くない。

†巨大環濠集落の内部

土塁に囲まれた内側は、今は一面が広大な草地で、羊たちがのんびりと歩むばかりだが、かつてはたくさんの人びとの暮らしや祭りや守りの場だった。

足跡にたとえたときのかかとの部分は、もともと新石器時代のコーズウェイド・エンクロージャーだった。そのときの低い土塁と浅い堀の名残りが、土踏まずに当たるところを横切るように残っている。さらにそこからつま先にかけて、足の裏をタテ方向になぞるように、長さ五四六メートルの帯状に延びたわずかな高まりがある。これは、新石器時代の記念物の一種で、「バンク・バロウ（堤状墳）」とよばれるが、すべての例で埋葬が確認されるわけではなく、領域を区画するランドマークだったという人もいる。このように、メイドゥン・キャッスルが造られた丘は、それより三〇〇〇年以上も前の新石器時代から、当時の人びとにとって特別な場所だった。

ここが、今見るような城砦ともいうべき環濠集落として造成され始めたのは、鉄器時代に入ってしばらくした紀元前六〇〇年ごろである。当初は、新石器時代のコーズウェイド・エンクロージャーに重ねるように、かかとの部分だけを一重の環濠と土塁で囲んだ。紀元前四五〇年ごろから、かかとからつま先に向かって環濠は大きく拡張され、外に向かってさらに二重の環濠と土塁を増設し、つごう三重とした。環濠の底から土塁の頂まで、ところによっては約一〇メートルもの高低差がある。先にみた西側の出入口の複雑な造作も、このとき整えられていった。出入口部分の土塁は材木の外装で覆われ、指揮台や物見やぐらのような施設も設けられたと考えられる。

環濠の内部には、日本列島の竪穴住居によく似た円い住居と、四本柱の四角い倉庫が見つかっていて、青銅製の留め金や鋲、宝飾品など、有力な人びとの持ち物だったと思われる品々が出土している。さらに紀元前一〜二世紀には、遠方の地域から持ち込まれたと思われる土器が目立ち始め、鉄器の製作が行われていた痕跡が顕著になる。これらのことは、このメイドゥン・キャッスルが、小さな集落や耕地のあとが広がる周辺の地域や、時によっては遠方も含めた各地から多数の人びとや物資が集まる、生産や交易の一大拠点だったことを示している。あるいはまた、その守りの堅さからみて、有事の際には防御の拠点にもなっただろうし、そういうときにこの場所に集う人びとが「我らここにあり」との誇りや連帯感を演出する記念物としての役割も具備していたにちがいない。

†東の「国」と西の「部族」

このように、メイドゥン・キャッスルは、見た目も性質も、ユーラシア大陸を挟んで反対側の日本列島でちょうど同じころに栄えた先述の吉野ヶ里とそっくりである。吉野ヶ里のような日本列島の大集落とそこに集う人びとのまとまりが、当時の中国の人びとから「国」と称されたのに対し、ユーラシアの西方で中国と同じ立場にあったローマの人びとは、ブリテン島の大集落とそれを核とした人びとのまとまりを「部族」としてとらえた。メイドゥン・キャッスルに集った人びとやその末裔の部族名とされるのは「ドゥロトリゲス」である。ただしメイドゥン・キャッスルは、ローマの支配が及んでまもなくの紀元後一世紀の終わりごろには打ち捨てられ、三キロメートルほど北東のドゥルノヴァリア（現在のドーチェスター）に、ドゥロトリゲス族は新たな中心地を築いた。

ユーラシアの西と東の端で、「ケルト」および「東のケルト」というべき金属器文明の波を大陸からかぶり、王をいただく階層社会を整えて、文明の中心の帝国とよしみを通じるようになったブリテン諸島と日本列島の人びと。ローマや中国の人びとは、自分たちの観念や世界観にしたがって、それらを「部族」とみ、「国」とみた。「国」か「部族」かは、中国とローマの文化の違いによる、単なる表現の差、呼び方の相異にすぎない。人びとのきずなに重きを置けば「部族」、土地や領域に目をやれば「国」ということになるだろうが、この違いは、牧畜の比重が高く人びとの遊動性がより高いヨーロッパと、農耕の割合が大きく人びとが定着しがちな東アジアの差に、あるいは起因するのかもしれない。

そうではあるが、大づかみにすれば、大陸のふところ深くに帝国の中心があり、その広い版図の端や周辺をそれぞれの王をいただく「部族」ないしは「国」が衛星群のように取りまいて、中心―周辺関係の世界システムが成立したさまは、ユーラシアの東西を通じて同じ時期に生じた同じ構造である。これを世界史における一つの段階として「古代」とよぶのであれば、ブリテン島は帝国の版図の端で、日本列島は版図のすぐ外側で、ともに同じ「世界史的古代」の時代を迎えようとしていたと理解できるだろう。世界史的・人類史的に同じ段階に属していたからこそ、金属の使用、環濠集落の繁栄など、彼我のあいだにきわめて類似した事象が見いだされるのである。理解を確かなものとするために、ブリテン島の環濠集落をもう少し巡ってみよう。

†環濠集落の変遷

メイドゥン・キャッスルの約三〇キロメートル北東には、それに次ぐ威容を誇るハンブルドン・ヒルの環濠集落がある。長径はメイドゥン・キャッスルとほぼ同じ約一キロメートル。二重にめぐる環濠はメイドゥン・キャッスルのそれにくらべると細くて浅いが、出入口は複雑で守りは堅い。高い丘に築かれているので、ふもとから見上げたときの巨大な軍艦のような姿は、メイドゥン・キャッスルよりも威圧感がある。ここもまた、環濠集落ができる前には、新石器時代のコーズウェイド・エンクロージャーやロング・バロウ（長

図 5-8　ウリー・ベリーの南西隅出入口

形墳）があった。エンクロージャーの空堀の底に人間の頭骨が並べられていたことは、第一章でふれたとおりである。

　ハンブルドン・ヒルは紀元前三〇〇年ごろに放棄され、それに替わるように、すぐ南西のホッド・ヒルに新しい環濠集落ができた。ホッド・ヒルは、一重の環濠を、六〇〇メートル×四〇〇メートルの方形にめぐらせ、出入口は単純。方形を志向し、出入口も簡素化したこのような環濠集落は、大陸の影響を受けた新しいスタイルで、鉄器時代の最後を飾る部族の拠点である。紀元後四三年のローマ侵攻の際にその手中に収まったらしい。北西隅にうっすらと残る方形の囲みは、ローマの軍隊が駐屯した施設の跡だという。

同じ新スタイルの環濠集落として見逃せないのは、九〇キロメートルほど北、グロスターシャーのウリー・ベリー。第二章で訪ねたウリーの石室墳のすぐそばにある。コッツウォルズの丘陵がセヴァーン川の河谷にのぞむ断崖の端に、六〇〇メートル×二五〇メートルの二重の環濠が、紀元前三〇〇年ごろに築かれた。注目すべきは南西隅の出入口で、環濠外側の裾から内部に向かってまっすぐに、両側を土塁で守られた通路が駆け上る。新しいスタイルの環濠集落の特徴である。内部からは、たくさんの土器や金属器と、ローマの銀貨を含む貨幣が見つかった。

†「ムラからクニへ」そしてローマへ

このように、ドーセットシャーやグロスターシャーなどのイングランド南部で大流行する環濠集落の展開には、時期を追って明らかな推移がある。紀元前六〇〇年ごろ、メイドゥン・キャッスルやハンブルドン・ヒルのように巨大化するものが現れると、周辺の小さな環濠集落の多くは廃れる。部族の中心地が統合されていくということである。さしずめ、日本列島の弥生時代についてよくいう「ムラからクニへ」のシナリオのブリテン版といったところであろう。

紀元前三〇〇年ごろになると、その巨大環濠集落の中にも衰退するものが出てくる。そのまま小さな集落ばかりになる地域もあれば、ホッド・ヒルやウリー・ベリーのような新しいスタイルの環濠集落が現れるところもある。ウリー・ベリーからローマの銀貨が出土していることに示されるように、貨幣制度などを含む新しい経済や社会への動きが、大陸から海を越えてブリテン島の南部に広まりつつあった。

紀元後四三年のローマの侵攻によって、メイドゥン・キャッスルのような生き残りの巨大環濠集落もついには廃絶する。部族の中心地は、もはや巨大環濠集落ではなく、「オピダ」とよばれる大陸風の城砦都市へとシフトしたのである。ローマと結びながら、貨幣経済を軸とした新しい社会をつかさどる有力者が台頭し、在地で力を蓄え、紀元後五世紀にローマが撤退したのちは、中世の王や領主につながる権力者へと成長していった。

鉄器時代からローマ時代にかけての以上のようなプロセスは、ブリテン島では地域によって時間差をもって進んだ。大陸に面したイングランドの東部から東南部にかけては、巨大環濠集落はもとよりあまり発達せず、死しては大陸風の豊かな副葬品に囲まれて眠る有力者がそれぞれに居宅を営んで富や力を集める新しい社会が、すでに紀元前六〇〇年前後から作られていた。このようすは、環濠集落がいち早く姿を消し、中国船来の鏡や装具を副葬する王たちの墓が現れた日本列島の九州北部沿岸地域によく似ている。

巨大な環濠集落が発達するのは、大陸に面するイングランドの東部や東南部からみると、西方に奥まった地帯である。日本列島でいえば、何重もの環濠を巡らせる大きな集落が現れた近畿地方の中央部や、北部九州でも吉野ヶ里のある有明海沿岸のような、多少奥まった地方になぞらえられる。環濠集落そのものに、そこを根城とする国や部族の誇りや連帯感を演出する記念物としての性格をもたせるような伝統的な共同体の心理が、大陸からの開明的な思想にまだ洗い流されずに残ったところともいえるだろう。

そして、横浜市の大塚のような小さな環濠集落が、弥生時代の終わり近くにいたるまで統合されずに多数並び立った東日本に対応するのが、これから最後に旅する鉄器時代のウェールズとスコットランドである。

†ウェールズの石塁集落

さきほど訪ねたウリー・ベリーが見下ろすセヴァーン河谷を西に越えれば、イングランドからウェールズに入る。山がちで岩石の多いこの地域の鉄器時代は、環濠と土塁の代わりに石塁をめぐらせた集落が普通である。実際には石塁だけで濠（堀）はないので、「環

図5-9　トレル・カイリの石塁

濠集落」というのは適切でないが、これまでにみてきたイングランドの環濠集落と連続して分布し、同じ歴史的性格をもつものであることはまちがいない。

その白眉は、風光明媚なウェールズ北部の平原にそびえる標高四八五メートルの山頂にあるトレル・カイリである。さいわい、南東側の標高二〇〇メートル付近までは車で行けるので、そこから比高三〇〇メートル近くの登山ということになる。

最初は牧場の柵に沿って、初秋には赤紫色に染まるヒースの斜面をひたすら登る。一時間ほどで七合目付近。そこから上はヒースが途切れ、むき出しの岩山となる。頂上をめぐる石塁が、だんだんはっきり見えてくる。さらに半時間、胸を突く急坂に耐え、左右から延びてくる石塁を切った単純な出入口をすり抜ければ、孤高の天上界ともいうべき集落の内部にようやく到着する。長径三〇〇メートル、短径一〇〇メートルの内部は平らで、いくつものクレーターのような凹みが見える。壁を石で築いた円形の住居がたくさん連なっているのである。その数は約一五〇棟分。紀元前四〇〇年ごろから同一五〇〇年ごろまで続いた、北ウェールズの部族の拠点だったと考えられる。

ただし、ウェールズの環濠集落には、このトレル・カイリほどの規模のものはあまりなく、もっと小型の例が多い。わずか数棟の住居を囲う、さしわたしが数十メートル程度のもので、部族の拠点とはとてもみなせず、むしろ家族単位で守りを演出するかのようなミニ環濠集落である。

こうした小型の集落は、環濠をもつにせよ、もたぬにせよ、巨大環濠集落が発達するイングランド南部も含め、ブリテン島の鉄器時代にはごく普遍的に存在する。ウェールズや、つぎに述べるスコットランドでは、大きい環濠集落がほとんどないだけに、このような家族単位のミニ環濠集落がことさらに目立つのである。このことは、これら西や北の周縁部においては、たくさんの家族を一つの大部族にまとめあげ、その根城としての巨大環濠集落を発展させるような力があまり働かなかった可能性を示している。農業には向かない冷涼な土地に少ない人口が分散するという社会状況が、そうした政治的な統合の遅れにつながったのであろう。

†スコットランドの石造住居

ウェールズではミニ環濠集落として表れた家族単位の守りの演出は、そこからアイリッシュ海に沿って北上するにつれ、少しずつ姿を変えていく。スコットランドの南西部までいくと、ときに石も用いつつ高い土築の壁を環状にめぐらせて屋根をかけた「ダン」とよばれる建造物が点在している。ダンは、スコットランドの北部では、壁のすべてが石で作られ、環状というよりも、みごとな円筒形に積み上げられるようになる。ダンのなかでも、このように石造で背の高いものを、とくに「ブロッホ」とよんでいる。

ブロッホの壁の高さは、もっともよく残っているシェトランド諸島（オークニー諸島よりもさらに北の沖合にあるイギリス最北の島々）のマウサの例では、一三メートルあまりもある。こんな石塔がにょきにょきとそびえていたスコットランド北部は、世界各地の鉄器時代社会の中でも、ひときわユニークな景観を醸し出していたに違いない。

ブロッホの壁の一ヵ所にはせまい出入口が開き、分厚い壁を貫く通路となって内側に導いてくれる。内側は、いまは円い中庭のように見えるが、もとは頭上に木材や植物などで葺かれた屋根や、上層の床ともなる天井があったと考えられるので、ホールというべきであろう。分厚い壁の内部は空洞で、石の階段や小部屋が設けられている。小部屋のなかには、まるで守衛所のように、出入口の通路に向かって開いているものがある。

すべての家族がブロッホを造ったわけでは、もちろんない。オークニー諸島や、その対岸にあたるスコットランド本土最北端のケイスネス地方では、ブロッホを中央に、壁を石で築いた低い円形の住居がいくつも取り巻いているようすがみられる。多くの家族が集まり、そのうちのもっとも有力な家族、あるいは家族の長たちが中央のブロッホに居を構えていたらしい。この場合は、ブロッホは家族の集まり、すなわち部族の根城の中心にあって誇りや連帯感を演出するものとして、イングランドの巨大環濠集落にも似た役割をもっていたと考えられる。

いっぽう、スコットランドの西岸や、その沖合のヘブリデス諸島では、ブロッホはほかの住居とともに群をなすことはなく、単独でそびえている。通常みられる低い石造の円形住居や、その内部に放射状の仕切り壁をもった「ホイールハウス（車輪形住居）」とよばれるやや特異な円形住居は、ブロッホとは別の場所で数棟ほどの群をなしていることが多い。出土品からみても、ブロッホの住人だけが裕福だったり有力だったりしたようすはない。

ただし、これらの地方のブロッホは、荒波が洗う海食崖の上、周囲を見下ろすひときわ高い丘の上、湖の中など、ちょっと近づきがたいけれどもたいへん目立つところに築かれている。円形住居やホイールハウスを常の住みかとする人びとが、有事に集まったり、その孤高のたたずまいを部族の象徴として演出する場所だった可能性もあるだろう。

†旅の終わりに

マウサと並んで、ブロッホの威容やしくみを存分に味わえるのは、外へブリデス諸島の最北端、ルイス島にあるダン・カーロウェイである（本章扉の写真）。新石器時代の大ストーン・サークルとして第三章でみたカラニシュの北一〇キロメートルばかりのところにある。東側から近づいていくと高さ九・二メートルのみごとな石塔であるが、反対側は大きく崩れて断面が見えているので、ブロッホの構造がかえってよくわかる。

すぐそばのガイダンス施設では、ブロッホの構造や、そこでの暮らしをわかりやすく展示している。かつてブロッホは、外来者の侵攻に備えて地元民が築いた要塞のような、軍

図 5-10　ダン・カーロウェイ

図 5-11　ダン・カーロウェイの内部想定復元図

事的な役割が想定されることが主流だった。しかし近年では、先に述べたように、部族がみずからの威容や連帯感を誇示しつつも、ふつうの暮らしを営む住まいとして理解されることが多い。

南に引き返してカラニシュを右に見ながら東に車を走らせ、これもカラニシュのところで述べた三本の巨石が立つタルサハンの瀬戸を橋でわたって、グレート・バーネラ島に渡ってみよう。一キロメートルほどで車を停めて長靴にはき替え、左手に数百メートルで行き当たるはずのバーネラ湖を目ざす。道はない。案内板もない。かじかむ指で広げる地図だけを頼りに、灰色の寒空の下、ヒースの茂みが散らばる岩山と、そのあいだの谷間に積もったピート（泥炭）の湿地を歩いていく。最後の岩山を登ると、眼下は鉛色の湖面である。見渡すかぎりの天地に、自分以外の人影はない。

奇妙な小島が、岬の先にひもでつながれたように浮かんでいる。周囲は不自然に切り立っていて、明らかにふつうの島とは違う。近づいてみると、ひもと見えたのは、水中に連ねた石の列がわずかに頭だけを出し、細い通路になったものである。ここまでくれば、島は完全な人工物だとわかる。石積みのブロッホの基礎が、高さにして二メートルばかり残っている。波が洗う通路の石を、踏み外さないように注意して二〇メートルばかりたどれ

図 5-12　ダン・バラバット

ば、本体に上陸できる。出入口とおぼしき穴や、壁の中の空洞も見える。

この遺跡はダン・バラバット（ルイス島本土にも同種同名の遺跡があるが、残り具合はこちらのほうがよい）。湖の中に建てられ、細い通路で岸とつながったこのようなブロッホを、とくに「クラノグ」という。正確な年代はわからないが、紀元前後かその少し後に、この北辺の人びとが暮らしを営んでいた場所である。

灰色の空の下、薄緑色の苔に覆われ、冷たい波に足元を洗われながら二千年もたたずんでいたであろうその姿は、何かこの世のものと思えない。魅入られた私は、寒空の下、その崩れた石の壁に腰を掛け、細かく波立つ湖面を一時間以上も見つめていた。

3　歴史の分かれ目

†ケルトの繁栄と衰亡

ブリテン島と日本列島の遺跡を、時空を超えて行き来する長い旅も終わった。最後を告げたこの第五章では、金属を軸とする大陸発の文化の波に乗って社会が変化し、そののち中世から近代につながっていく政治社会の入り口にまで達した両地域のようすをみてきた。ともに環濠集落を築き、そこを舞台として金属の入手・加工・流通をつかさどった有力者がやがて王族を形成し、国や部族の領導者として大陸の文明とよしみを通じつつ力をつける。このような動きが、日本列島やブリテン島の社会の内側から生み出されてきたのではなく、大陸からのさまざまな要素を受け入れることによってでき上がっていった点には、注意しなければならない。たとえば国や部族の形そのものをなす環濠、そこで用いられた武器の様式、それらを副葬する王族の葬儀、いずれをとっても大陸に起源し、そこから海を越えて伝わってきた要素である。これらの伝播が、金属器やその技術の波及に伴ったものであったこともすでにくり返し述べた。金属の波は、大陸中心の文明領域から外縁に広がる非文明の辺境へと伝わり、そこをも文明へと塗り替えていく。国や部族や王は、その落とし子として辺境の各地に誕生していった。

ユーラシアをはさむ両地域で進んだこの同じ動きのうち、ブリテン島での動きは、「ケルト」を主人公として語られてきた。青銅器時代に大陸発のビーカー土器で蜂蜜酒を飲みながら金属加工を始めた「原ケルト」にかぶさるように、鉄器時代にはさらに卓越した金属の細工と流通をつかさどり、ときには戦車のような大型品を含む武器を使いこなし、死してはそれを副葬する人びと――「ケルト」――がブリテン島に渡ってきたと考えられた。彼ら彼女らこそが、環濠集落を拠点として割拠した部族の支配階層であり、紀元前後以降にはローマに対峙するまでに力をふるう。やがてはそれの侵攻に屈し、島の縁辺に追いやられたけれど、一時は広い範囲に覇を唱えてヨーロッパ文化の基層を作ったケルトという人びとがいて、ブリテン島にもその世界が広がってくる時期があった。そのように想定されてきたのである。

†「渡来人」とケルト

かたや、日本列島での同じ動きについては、「渡来人」に重要な役割があてがわれてきた。紀元前四〇〇年ごろに列島に金属器文化を伝え、それを主導することによって力をつけた人びとを、前章では「東方の原ケルト」と名づけたが、日本の伝統的な歴史観においては、彼ら彼女らは、主として朝鮮半島からの「渡来人」あるいは「渡来系」の人びととされている。ちょうどこのころから増えてくる埋葬人骨の例を調べると、朝鮮半島に対面する九州北部の日本海沿岸地域を中心に、大陸的な北方系の形質をもった男女の例がかなりの比率を占めるという事実がある。

これらの人びとを中心として、その後、金属を軸とし、国を舞台とする弥生時代の社会が進展した。王族や、それをまつり上げる巨大な墳丘墓、そこに副葬される武器や鏡などは、ほぼすべてが大陸から取り入れた文化要素である。古墳時代に入った四世紀末から五世紀にかけては、さらにたくさんの「渡来人」ないし「渡来系」の集団が渡ってきて、馬の使用、陶器の生産、製鉄ほか各種の技術や知識を伝え、国々から一つの国家へと列島社会が統合されるための原資をもたらした。

このように、大陸の辺境に浮かぶ島々に国を作った外からの力を、英国史では「ケルト」というグローバルな動きの一翼としてとらえ、日本史ではあくまでも島民としての立場からみた「渡来人」の受け入れとして理解してきた。大陸からの営力が外縁の島々に及ぶさまを、英国では宇宙の高いところから眺めているのに比べ、日本では島の地面に足をつけ、目の高さで海の向こうを見つめている。いうなれば、同じ動きを、英国史ではヨーロッパ史の一部とみているのに対し、日本史ではどこまでも日本史としてにらんでいるのである。

†ケルトと騎馬民族

ただ、敗戦後の一時期、この動きを宇宙からグローバルに眺めようとする見方が、日本でも提案された。東洋考古学者の江上波夫氏が、一九四〇年代の末から一九五〇年代の初めにかけて世に問うた、騎馬民族征服国家説である。江上氏のこの論では、大陸で発展した騎馬民族が四世紀に海を越えて九州に上陸し、五世紀までには近畿に広がって、そこに征服王朝を打ち立てたのだという。これを、日本国家の起源と江上氏は考えた。

この見方は、ケルトを主人公とする史観と、構造的にはよく似ている。金属を駆使し、馬や戦車による機動力豊かな武装をかためた集団が大陸の中心部で生まれ、富と戦力でもって在地の農耕民らを支配して版図を広げ、ついには海をわたって辺境の島々にまで及ぶ、といった枠組みは、ケルトにも共通する。あまつさえ、ケルトも騎馬民族も、ともにそのルーツはユーラシア中央部に近いところに想定されていることを考えると、両者は実は同根の文化であり、西方のいわゆるケルトを「西のケルト」、東方の騎馬民族を「東のケルト」と呼んでしまう人があってもいいのではないかと思うくらいである。

それはともかくとして、ケルト史観と騎馬民族説とが、国家や支配層が形成されるときのパターンとして、共通の古典的な歴史像に根ざしていることはまちがいない。すなわち、機動的で進取の気性に富む文化をもった遊動的な集団が、保守的で定住性の強い農耕集団を征服することによって、国家や王朝が生み出されるというパターンである。西アジアでのヒッタイトの覇権、エジプトに対するヒクソスの支配、中国の元・清などのいわゆる征服王朝。このパターンとして理解されてきた国家形成の実例が、世界史上にはいくつもある。

†侵略説への批判

だが、ケルト史観も騎馬民族説も、今日でははなはだ旗色が悪い。外部からの侵入と支配という、ある意味きわめて単純にして古拙な国家形成プロセスの説明が、洗練度を増してきた考古学や歴史学が明らかにする細かく複雑な史実の累積と、齟齬をきたすようになったということが、一つにはある。さらにもう一つ、侵略や征服といった、現代社会の倫理に照らせば忌むべき行為や概念で、過去の社会を解釈することに対する嫌悪感のようなものが、歴史学を取り巻く思潮の中に濃くなってきたことも事実である。

なかでも、江上氏の騎馬民族説は、いち早く批判の矢面に立たされた。それが発表されるや否や、当時の日本考古学、とくに実証主義の古墳研究者は激しく反発した。考古学的には、別の民族が列島を支配して政治権力を形成した物的証拠はないとして、江上説の内容を真っ向から否定したのである。たとえば、騎馬民族が征服国家を作ったとされる時点より前にも後にも、支配者の墓である前方後円墳はずっと変わらず、連綿と営まれている。もし支配者が騎馬民族に替わったのなら、前方後円墳も廃されたはずだ、と。結局のところ騎馬民族説は、歴史に関心をもつ市民の一部に根強い人気を博したものの、学説としては後継者もなく、研究史の一幕として過去に押し込められてしまった。

同じように、原ケルトやケルトの動きとして本書で説明してきた、ブリテン島への金属器の導入や支配階級の出現についてもまた、昨今の考古学では、その主体となるような人びとが大陸から大挙して渡ってきたわけではないと推測されるようになっている。そうではなく、金属器の技術や支配の思想が、情報として大陸から伝わり、もともと島にいた人びとがそれを受け入れることによってブリテン島の鉄器時代社会は部族から国家へと発展していった、というのである。外来者の強制を重視する仮説から、在来者の選択を尊重する仮説へと、史観の主流は転換したかにみえる。

さらに、一口にケルトといっても、具体的によく見れば、人工物の形態、墓の構造、住居のしくみなどには時代や地域によって相当の違いがあり、一個の民族集団の痕跡などとはとても考えられないという主張も、近年の考古学界では当たり前になってきた。ケルトとは、一個の民族集団ではない。たくさんの民族集団に共有され、時と場所によって多様かつ柔軟に姿を変える、ある共通した方向性をもった文化要素の集合体として現代人が考え出し、過去に投影した観念。これがケルトの正体である。そこまでいう人もいる。

これらの批判は、おそらく史実としては、より正当であろう。騎馬民族の正体もまた、馬の使用、それを駆使した武器、そこに表現された支配の思想など、いくつかの目立った要素を文化として共有する多数の民族を含むたくさんの人びとを、現代の歴史家が自説叙述のための一役柄にまとめ上げてしまったものにすぎない。

†ブリテン島のローマ化

このように、近年の認識では、ケルトも騎馬民族も歴史的幻想に近い。だが、両者をともに特徴づける金属・王墓・馬などの文化の諸要素が、ほぼ同じころにユーラシアの大陸から東西に離れたブリテン島と日本列島に同じように伝わり、両地域の社会を同じように変えていったことは、まぎれもない事実である。

問題は、この同様の歴史的事実が、なぜ、西のブリテン島では汎ヨーロッパ的な共通のアイデンティティのようすがであるケルトの活動として語られるようになり、東の日本列島ではそうならなかったのか。日本版ケルト史観ともいうべき騎馬民族説がたちまち拒否された要因も、この問題に深く根ざしているだろう。それを解くためには、この本で述べてきたブリテン島の鉄器時代および日本列島の弥生時代よりのちに、両地域が歩んだ歴史の道筋の違いをたどっておかなければならない。

ブリテン島の鉄器時代は、紀元後四三年、ついに終わりを告げた。古代帝国ローマの一地方「ブリタンニア」として、島の主要部がその領土に取り込まれたのである。環濠集落はオピダとよばれるローマの地方都市にとって替わられた。主だった人びとはローマ市民となり、ローマ風の建物に住み、ローマ的な土器を用い、ローマの貨幣を使った経済生活を営んだ。今日、ブリテン島の各地にみられるローマの建物の遺構は、見た目やスタイルがどれも同じようで、大陸からの「ローマ化」が、どれほど画一的に、それまでの文化——ケルト——を基層に塗りこめた上に進んだのかがうかがえる。そして、塗りこめられなかった島の外縁部には、そのままのケルトがまだ表面に顔を出していたという図式が、描かれることになるのである。

二世紀の後半ごろからしだいに衰えたローマ帝国が四一〇年に事実上撤退したのち、ブリテン島はローマ文化の面影を残しながらも、各地域に有力部族が林立して混乱した。そこへまもなく、アングル人・サクソン人・ジュート人（これら三つを総称してアングロ・サクソン人とよぶ）などが次々と侵入し、それぞれに王国をつくって割拠する。その後一一世紀まで、デーン人やノルマン人なども相次いで侵入し、ブリテン島はさまざまな民族集団のるつぼのような観を呈した。このような状況の中で、ブリテン島固有の一つの民族アイデンティティが生み出されることはなかった。

図 5-13　ローマの建築の遺構（「ドーヴァーの灯台」）

†古墳と民族アイデンティティ

ブリテン島がローマ化したのとほぼ同じ頃、日本列島では、その西の端に、古代帝国・漢の外藩国（傘下に入った国）が現れていた。先に述べたように、紀元後五七年、九州北部の王族が漢に遣使して「漢委奴國王」の金印を授かったとの記録があり、その金印とおぼしきものも出土している。紀元後一世紀、ユーラシアの東西に古代帝国が確立し、ブリテン島はその内側で、日本列島は外側で、「世界史的古代」の段階をそれぞれ経験したのである。ただし、外側で独立を保てた日本列島は、ブリテン島がローマ化されたような形での「漢化」をこうむることはなかった。

ブリテン島がローマの一部となっていた五世紀までの約四百年間、さきに述べたように、国を拠点として各地で力をたくわえた日本列島の王族たちは、「倭国乱」とよばれる競合の末、三世紀のうちには一人の大王を盟主として政治的にまとまり、古墳時代の幕を開く。九州から東北南部までの各地の王族は大王を中心に連合し、前方後円墳という同じスタイルの王墓を築いてそのことを確かめ合った。大王を軸としてたがいに通交する王族たちのもとで、一般の人びとの生活様式や、土器などの道具の形も、列島の広い範囲で同じもの

図 5-14　前方後円墳（群馬県保渡田八幡塚古墳）

が共有されるようになった。墓のスタイルから土器の形までにおよぶ同一性は、人びとの間に共通の帰属意識をかもし出したであろう。あるいは、その帰属意識が、墓や土器の同一性として表れたのかもしれない。今のこのような古墳時代の歴史像を作り上げた都出《つで》比呂志氏は、日本列島固有の民族アイデンティティがこの時代に醸成されたと主張する。

　このように、新石器時代から鉄器時代（弥生時代）までを通じて相似の歩みをたどってきたブリテン島と日本列島とは、西暦紀元前後になって、大陸を席巻した古代帝国とのかかわり方において、異なった道を進むことになった。すなわち、帝国に取り込まれてその文化に塗り込められ、その後になっても大陸からの人びとや文化の波を次々とかぶったブリテン島では、人びとの固有のアイデンティティが安定して醸成されるいとまがなかったといえる。それだけに、後世に国としてまとまるときの精神的手段として歴史的なアイデンティティが必要とされたとき、基層に広がるケルトのそれに多くが求められた。国家の歴史と一致してそれを強化する民族の歴史は、英国では生み出されなかったのである。

いっぽう日本列島では、固有の民族アイデンティティが古墳時代には明確化し、八世紀の奈良時代には、それを軸とした国家的な歴史の語りが、『古事記』『日本書紀』として完成した。それは長く参照され、近代においてもさまざまに形を変えつつ利用され続けている。民族の歴史と国家の歴史とが緊密に合致してたがいを強化し合ってきた中で、ケルトに相当する騎馬民族のような史観が受け容れられる余地は、もとより存在しなかった。

†分岐の要因

二つの島の歴史の分岐を、できるだけ見えやすく単純化した以上のような説明は、ややもすれば陳腐かつ安直に映るかもしれない。しかし、そうなった結果だけでなく、理由までも考究することによって、説明をより深い真実に近づけられるだろう。

ブリテン島が、日本列島に比べて、帝国の直接支配や頻繁な侵入者を許した理由として、地理的条件は無視できない。ブリテン島と大陸とがもっとも肉薄するドーヴァー海峡は、幅が三四キロメートルで、水泳の達者がときおり横断するくらいの距離である。これに対し、日本列島と大陸との距離は、朝鮮半島と九州北岸との間の対馬海峡で幅約二〇〇キロメートル。中間に対馬があるとはいえ、ふつうに泳いで渡れる距離ではない。一三世紀にモンゴル軍が二度まで侵攻に失敗した例をみても、近代より前の技術で、日本列島を外来勢力が実効的に支配することは、ブリテン島に比べてはるかに困難だったと考えられる。

二つの歴史が分岐した理由をさらに深く見きわめるためには、両者の鉄器時代・弥生時代の社会と経済の実態を、考古資料に基づいて綿密に復元したうえで比較することが必要であろう。遠大な仕事ではあるが、着手はされている。たとえば、英国考古学の優れた紹介者の一人である岡山大学の新納《にいろ》泉氏は、両地域の地勢、村落や耕地の分布、作物などを対比した。そのうえで、樹枝状の河川流路に沿って米作の農村が密に並ぶ日本列島では階層組織が形成されやすかったのに比べ、ゆるやかな地形の上に麦作と牧畜の村落が散在するブリテン島では、日本列島ほど固定的な階層組織が生み出されにくかったと想定する。

ブリテンのこのような特徴はヨーロッパ全体にも共通するものであり、ケルトに象徴される流動的かつ機動性の高い集団が、広範囲で活動するような社会ができる素因となった可能性があるだろう。地勢や作物、そこからくる人口分布や生業形態の違いが、ブリテン島と日本列島、ユーラシアの西と東での歴史動態の差につながったというわけである。このこと自体はいまだ仮説の域を出ないが、これから研究を深める値打ちは高い。

さらには、そのような東西の違いが、民族性や国民性といわれるものとどのように関わり、のちの歴史にどのような影響を及ぼしたかという問題がある。民族を「人種」と同一視する古い考えが後退した今日、民族とは、遺伝上のグループではなく、文化という知を共有する人びとと理解されるようになった。そうであるとすれば、かつては生まれながらの脳の形質と歪んで結びつけられ、またそのために学問的思考から一時は追い出された民族性や国民性といった概念も、一連の人びとに共有されてその行動を左右する知の体系として評価しなおすことが可能となる。地理や地勢や気候などの環境条件が、いかなる生業形態や社会関係を作りあげ、そこで生み出された知の体系がいかなる歴史的な選択を人びとにさせたのか。日英がたどった道筋の違いのような歴史や文化の多様性が発生するメカニズムを解明すべき時がきている。

おわりに

以上、五つの章で述べてきたことを、最後に簡単にまとめて結びとしたい。

氷期が終わって温暖化した中緯度地帯の平原や森林で、人びとは多人数で定住するようになった。約一万年前を前後するころ。氷期の環境のなかで進化したホモ・サピエンスにとって、初めての事態である。大陸の端の島々であったブリテン島と日本列島でも、豊かになった資源に頼って定住する人びとが現れた。

やがて太陽の活動に変化が起こり、中緯度地帯の多くの地域は、冷涼化と資源の減少に直面した。この危機の中で、大陸中央部の平原では農耕を強化し、それをとりしきる王や都市を核とする「文明」の社会ができた。そこから離れた辺境の島々であるブリテン島や日本列島では、集団のきずなを強化し、資源をもたらす太陽や季節の順調なめぐりに精神的な働きかけを行う「非文明」の社会が発展した。約五千年前を過ぎた頃である。

非文明の社会。それは、人間が「科学」という思考と行為にたどり着くより前に生み出していた高度な知の体系の上に構築されたシステムだった。自らの生と死を軸としたさまざまな現象をアナロジー（類似やたとえ）の網でつむぎ合わせ、万象のしくみを説明しようとした。アナロジーは、ホモ・サピエンスのすべての個体が長い進化の結果として普遍的に共有した心の働きであるために、この段階の記念物は、地球上のどこへ行ってもよく似ている。たとえばストーン・サークルは、日本列島やブリテン島だけではなく、この段階に属するすべての大陸や海洋の社会で認められる形である。定住して大きな社会を作り始めたヒトが、初めて発展させた第一次の知識体系。人類学の巨人クロード・レヴィ＝ストロースが「野生の思考」と呼んだものと、それは重なるところがあるだろう。

これに対して文明とは、非文明のさまざまな知的試行や積み重ねの中から生み出されて広まった、人類第二次の知識体系である。さまざまな出来事の見かけや外面をそぎ落とし、内側にあってそれを動かす原理と構造をえぐり出すことを旨とするこの知の威力は強大で、成功率は飛躍的に高く、広まった先々でさまざまな革新や発展をもたらした。だが、実利的な合理性がきわめて強いがゆえに、この知の体系は、周囲の万物や万象を統制して収奪する志向が強く、自然に対しては集約的農業にみられる環境の改変、牧畜を端緒とする生命への干渉などを、人間に対しては戦争や抑圧、不平等や階層化などを導いた。

大陸中央部の平原で芽生えて根を張った、この文明の知識体系やそれに沿った行動様式は、環境の悪化と資源の低落による危機を肥やしにして、その実利的な結実率の高さゆえに周辺の地域にも急速にはびこっていった。ケルトとは、ユーラシア大陸の中央部から主として西方へと進んだこの動きを、一つの人間集団の移動拡散というドラマになぞらえて、後世の人びとが自らのアイデンティティと重ねながらロマン豊かに叙述したものである。

いっぽう、ユーラシア大陸中央部から東方にも同様の動きが進んだ。克明な一国史の叙述を大の得意とするわが国の歴史学や考古学では、この島国にしっかりと足をつけて西の海の向こうをにらむ姿勢をもとに、このような動きを、弥生時代に水田稲作をもたらした「渡来人」、古墳時代に先進的な技術と知識をもってやってきた「渡来人」(古くは「帰化人」)に集約して描こうとしてきた。後者は一時、東のケルトとでもいうべき「騎馬民族」に含めて描かれようとしたが、島国日本の伝統と孤立と純粋さを信じたい心根と、日本考古学一流の精緻な実証主義とがあいまったところから大きな反発を受け、その時点では不成功の試みに終わった。

ともあれ、西と東のケルトは、ともにその最終の到達地であるブリテン島と日本列島とにそれぞれ歴史的な影響を及ぼし、環濠集落のような戦いと守りの記念物や、不平等や抑圧を正当化する働きをもった王や王族の豪華な墓をそこに作り出した。紀元前三〇〇〇年を過ぎたころから紀元前後くらいまでの動きである。

しかし、東西ケルトの動きの最終的帰結ともいえる大陸の古代帝国――漢とローマ――が日本列島とブリテン島とに関わった程度と方向性は大きく異なり、そのことは、両地域がたどったその後の歴史の歩みの違いと、そこから来る相互の個性を作り出すに至る。大陸との間を隔てる海が狭かったがゆえにローマの支配にほぼ完全に呑み込まれたブリテン島では、文字や貨幣制度など、抽象的な記号を媒介とする知財や情報の交換システム――人類第三次の知識体系――に根ざした新しいヨーロッパ社会の一翼としてその後の歴史の歩みに入っていった。

これに対し、もっと広い海で大陸から隔てられていた日本列島は、漢の直接支配下に入ることなく、王族たちが独自の政権を作り、前方後円墳という固有の記念物を生み出し、独自のアイデンティティを固める期間がイギリスよりもはるかに長かった。私たち現代日本人は、このような感性や世界観を受け継いでいる。「縄文時代」「弥生時代」「古墳時代」と、同じ島国のイギリスの歴史ではほとんど用いられない一国史的な時代区分を守り、東のケルト史観たる騎馬民族説に反発する日本人の歴史学者や考古学者の観念もまた、そこに由来するのかもしれない。

イギリスと日本の遺跡を歩む旅から導き出せた事柄は以上である。それらが私に対して発したはずの豊かな語りに比べ、それを受けてつづったストーリーの、なんと陳腐で貧しいことか。しかし、それだからこそ、遺跡は何度も私たちを引き寄せる。同じ遺跡を次に一巡した時には、また別の、そして今回よりも少しだけ豊かなストーリーを導き出せるにちがいない。研究者としての命が尽きるまで、私は遺跡の巡りを続けていくつもりである。

本書は、二〇一四年に今の新しい職場（国立歴史民俗博物館）に移ってから二冊目の本だが、着手したのは前の職場（岡山大学）にいたころである。長い時間がかかってしまったが、それだけに、新旧両職場のたくさんの同僚や友人から知識やインスピレーションを授かり、記述の刺激となった。新職場では単身赴任となり、離れて住む家族とのつながりと温かみを実感することとなった。あらためて感謝したい。

最後に、研究者が社会に成果を還元する責任を果たすための公器であるこのような新書もまた売れ行きを気にせざるを得ない昨今、卑弥呼や邪馬台国ならともかく、とても売れ線とは思えない本書のような内容に価値を見出し、出版まで力強く導いてくださった筑摩書房の橋本陽介さんにお礼を申し述べ、筆をおくことにする。

図版出典一覧

図1－1　Pryor, F. 2003, *Britain BC: Life in Britain and Ireland before the Romans*, Harper Collins Publishers, London より、改変

図1－2（上）　Whittle, A, Pollard, J. & C. Grigson 1999, *The Harmony of Symbols: The Windmill Hill Causewayed Enclosure, Wiltshire* (Cardiff Studies in Archaeology), Oxbow Books Ltd, Oxford より、改変

（下）　Harding, J. 2003, *Henge Monuments of the British Isles*, Tempus, Stroud

図1－4　Piggott, S. 1962, *The West Kennet Long Barrow: Excavations 1955-56*, HMSO, London より、改変

図1－6　Malone, C. 1990, Avebury, (Reprinted ed) B. T. Batsford, London より、改変

図2－2　松木武彦「コッツウォルド・セヴァーン・グループ長形墳の諸問題——ブリテン新石器時代墓制の一側面」『岡山大学文学部紀要』四八巻、二〇〇七年より、抜粋

図2－5　Malone, C. 2001, *Neolithic Britain and Ireland*, Tempus, Stroud より、改変

図2－7　C・レンフルー（大貫良夫訳）『文明の誕生』岩波書店、一九七九年より、改変

図2－10　Lynch, frances 1997, *Megalithic Tombs and Long Barrows in Britain*, Shire Publica-

tions, Princes Risborough より、改変
図3－2　G・ダニエル（近藤義郎・中山俊紀訳）『メガリス――西欧の巨石墓』学生社、一九七六年より、改変
図3－10　Harding, J. 2003, *Henge Monuments of the British Isles*, Tempus, Stroud より、改変
図3－11　鹿角市教育委員会『特別史跡大湯環状列石（Ⅰ）』（鹿角市文化財調査資料七七）、二〇〇五年
図4－3　秋田県立博物館『秋田県立博物館総合案内』一九八七年
図4－5　Pryor, F. 2003, *Britain BC: Life in Britain and Ireland before the Romans*, Harper Collins Publishers, London より、改変
図4－6　福岡市教育委員会『吉武遺跡群Ⅷ』（福岡市埋蔵文化財調査報告書第四六一集）、一九九六年
図5－1　渋谷格編『吉野ヶ里遺跡――弥生時代の集落跡』第三分冊、佐賀県教育委員会、二〇一六年
図5－4　横浜市埋蔵文化財センター『大塚遺跡』（港北ニュータウン地域内埋蔵文化財調査報告Ⅻ）、一九九一年
図5－5　島根県立古代出雲歴史博物館企画展図録『弥生王墓誕生　出雲に王が誕生したとき』二〇〇七年
図5－7　Sharples, N. M. 1991, *Maiden Castle: Excavations and Field Survey 1985-6*, English

Heritage, Swindon より、改変

図5-11 Pryor, F. 2003, *Britain BC: Life in Britain and Ireland before the Romans*, Harper Collins Publishers, London より、改変

他、図版は著者撮影

引用・参考文献

第一章

松木武彦『列島創世記』（全集・日本の歴史1）小学館、二〇〇七年
Harding, J. 2003, *Henge Monuments of the British Isles*, Tempus, Stroud
Oswald, A, Dyer, C & M. Barber, *The Creation of Monuments: Neolithic Causewayed Enclosures in the British Isles*, English Heritage, Swindon
Russell, M. 2002, *Monuments of the British Neolithic: the Roots of Architecture* Tempus, Stroud

第二章

藤尾慎一郎「ブリテン新石器時代における死の考古学」『国立歴史民俗博物館研究報告』六八集、一九九六年
松木武彦「ブリテン石室墳研究の現状――墳墓の比較考古学のために」『考古学研究』五三巻二号、二〇〇六年
松木武彦「スコットランド　カムスターー積石塚群とケイスネス地方の石室墳」『考古学研究』五四巻二号、二〇〇七年

Darvill, T. 2004, *Long Barrows of the Cotswolds and Surrounding Areas*, Tempus, Stroud
Davidson, J.L. & A.S. Henshall, 1991, *The Chambered Cairns of Caithness*, Edinburgh University Press, Edinburgh
Lewis-Williams, D. & D. Pearce, 2005, *Inside the Neolithic Mind*, Thames & Hudson, London
Lynch F. 1972, Portal dolmens in the Nevern Valley, Pembrokeshire, in Lynch F., Burgess C. (eds.), *Prehistoric Man in Wales and the West*, Adams & Dart, Bath

第三章

小林達雄編『縄文ランドスケープ』アム・プロモーション、二〇〇五年
松本清張・佐原真（ＮＨＫ出版編）『松本清張のケルト紀行――フォト・ドキュメント歴史の旅人』日本放送出版協会、二〇〇〇年
松本直子『縄文のムラと社会』（先史日本を復元する2）岩波書店、二〇〇五年
山田康弘「縄文時代における部分骨合葬」『国立歴史民俗博物館研究報告』一七八集、二〇一三年
Burl, A. 2005, *Prehistoric Stone Circles* (4th ed.), Shire Publications, Princes Risborough
Heggie, D.C. 1981, *Megalithic Science: Ancient Mathematics and Astronomy in North-West Europe*, Thames and Hudson, London
Parker Pearson, M. & The Stonehenge Riverside Project, 2011. *Stonehenge: A New Understand-*

ing, The Experiment, New York

第四章

福永伸哉「日欧墳丘墓くらべ」『歴博』一九七号、二〇一六年
Barclay, A. & C. Halpin 1999, *Excavations at Barrow Hills, Radley, Oxfordshire : The Neolithic and Bronze Age Monument Complex*, Oxbow Books Ltd, Oxford
Parker Pearson, M. 2005 (Revised version), *Bronze Age Britain*, English Heritage, Batsford, London

第五章

江上波夫『騎馬民族国家　日本古代史へのアプローチ』中央公論社、一九六七年
長友朋子「世界の中の弥生時代——弥生文化の特質」『考古学研究』六一巻二号、二〇一四年
新納泉『鉄器時代のブリテン』（岡山大学文学部叢書一七）、一九九九年
西谷彰「英国における鉄器時代土器研究の現状」『新田栄治先生退職記念論文集』、二〇一四年
西谷正『北東アジアの中の弥生文化——私の考古学講義（上）』梓書院、二〇一六年
松木武彦「環境・認知・文化伝達—「世界」史の中の弥生文化」『考古学研究』五八巻三号、二〇一一年
Armit, I. 1996, *The Archaeology of Skye and the Western Isles*, Edinburgh University Press, Ed-

inburgh

Champion, T. C. & J.R. Collis 1996 (ed.), *The Iron Age in Britain and Irelnd*; Recent Trends, Deprtment of Archaeology & Prehistory, University of Sheffield, J.R. Collis Publications, Sheffield

Cunliffe, B. 1983, *Danebury: Anatomy of an Iron Age Hillfort*, Batsford, London

Cunliffe, B. 1997, *Iron Age Communities in Britain: An Account of England, Scotland and Wales from the Seventh Century BC until the Roman Conquest* (3rd Edition). Routledge, London

Cunliffe, B. 2000, *The Ancient Celts*, Penguin Books, London

Gwilt, A. & C. Haselgrove 1997, *Reconstructing Iron Age Societies* (Oxford Monograph 71), Oxbow Books Ltd. Oxford

Harding, D.W. 2004, *The Iron Age in Northern Britain: Celts and Romans, Natives and Invaders*, Routledge, London

ちくま新書
1255

縄文《じょうもん》とケルト
——辺境《へんきょう》の比《ひ》較考古《かくこうこ》学《がく》

二〇一七年五月一〇日　第一刷発行

著者　松木武彦（まつぎ・たけひこ）
発行者　山野浩一
発行所　株式会社筑摩書房
東京都台東区蔵前二―五―三　郵便番号一一一―八七五五
振替〇〇一六〇―八―四一二三
装幀者　間村俊一
印刷・製本　株式会社精興社

乱丁・落丁本の場合は、左記宛にご送付ください。
送料小社負担でお取り替えいたします。
ご注文・お問い合わせも左記へお願いいたします。
〒三三一―八五〇七　さいたま市北区櫛引町二―六〇四
筑摩書房サービスセンター　電話〇四八―六五一―〇〇五三

ISBN978-4-480-06961-0 C0220

ちくま新書

1169 アイヌと縄文——もうひとつの日本の歴史　瀬川拓郎
北海道で縄文の習俗を守り通したアイヌ。その文化から日本列島人の原郷の思想を明らかにし、日本人にとって、ありえたかもしれないもうひとつの歴史を再構成する。

1126 骨が語る日本人の歴史　片山一道
縄文人は南方起源ではなく、じつは「弥生人顔」も存在しなかった。骨考古学の最新成果に基づき、歴史学の通説を科学的に検証。日本人の真実の姿を明らかにする。

1227 ヒトと文明——狩猟採集民から現代を見る　尾本恵市
人類はいかに進化を遂げ、文明を築き上げてきたか。遺伝人類学の大家が、人類の歩みや日本人の起源を多角的に検証。狩猟採集民の視点から現代の問題を照射する。

1244 江戸東京の聖地を歩く　岡本亮輔
歴史と文化が物語を積み重ね、聖地を次々に生み出してきた江戸東京。神社仏閣から慰霊碑、墓、塔、スカイツリーまで、気鋭の宗教学者が聖地を自在に訪ね歩く。

1237 天災と日本人——地震・洪水・噴火の民俗学　畑中章宏
地震、津波、洪水、噴火……日本人は、天災を生き抜く知恵を、風習や伝承、記念碑等で受け継いできた。各地の災害の記憶をたずね、日本人と天災の関係を探る。

916 葬儀と日本人——位牌の比較宗教史　菊地章太
葬儀の原型は古代中国でつくられた。以来二千数百年、儒教・道教・仏教が混淆し、「先祖を祀る」という感情に収斂していく。位牌と葬儀の歴史を辿り、死生観を考える。

1201 入門　近代仏教思想　碧海寿広
近代日本の思想は、西洋哲学と仏教の出会いの中に生まれた。井上円了、清沢満之、近角常観、暁烏敏、倉田百三らの思考を掘り起こし、その深く広い影響を解明する。

ちくま新書

1136
昭和史講義
——最新研究で見る戦争への道
筒井清忠編
なぜ昭和の日本は戦争へと向かったのか。複雑きわまる戦前期を正確に理解すべく、俗説を排して信頼できる史料に依拠。第一線の歴史家たちによる最新の研究成果。

1194
昭和史講義2
——専門研究者が見る戦争への道
筒井清忠編
なぜ戦前の日本は破綻への道を歩んだのか。その原因をより深く究明すべく、二十名の研究者が最新研究の成果を結集する。好評を博した昭和史講義シリーズ第二弾。

1184
昭和史
古川隆久
日本はなぜ戦争に突き進んだのか。私たちは、何を失い、何を手にしたのか。開戦から敗戦、復興、そして高度成長へと至る激動の64年間を、第一人者が一望する決定版！

841
「理科」で歴史を読みなおす
伊達宗行
歴史を動かしてきたのは、政治や経済だけではない。縄文天文学、奈良の大仏の驚くべき技術水準、万葉集の数学的センス……。「理科力」でみえてくる新しい歴史。

1196
戦後史の決定的瞬間
——写真家が見た激動の時代
藤原聡
時代が動く瞬間をとらえた一枚。その写真は希少な記録となり、背景を語った言葉は歴史の証言となった。日本を代表する写真家14人の131作品で振り返る戦後史。

698
仕事と日本人
武田晴人
なぜ残業するのか？　勤勉は人間の美徳なのか？　江戸時代から現代までの仕事のあり方を辿り、「近代的な」労働観を超える道を探る。「仕事」の日本史200年。

702
ヤクザと日本
——近代の無頼
宮崎学
下層社会の人々が生きんがために集まり生じた近代ヤクザ。格差と貧困が社会に亀裂を走らせているいま、ヤクザの歴史が教えるものとは？

ちくま新書

983
昭和戦前期の政党政治
――二大政党制はなぜ挫折したのか
筒井清忠
政友会・民政党の二大政党制はなぜ自壊したのか。軍部台頭の真の原因を探りつつ、大衆政治・劇場型政治が誕生した戦前期に、現代二大政党制の混迷の原型を探る。

1002
理想だらけの戦時下日本
井上寿一
格差・右傾化・政治不信……戦時下の社会は現代に重なる。その時、日本人は何を考え、何を望んでいたのか？　体制側と国民側、両面織り交ぜながら真実を描く。

1036
地図で読み解く日本の戦争
竹内正浩
地理情報は権力者が独占してきた。地図によって世界観が培われ、その精度が戦争の勝敗を分ける。歴史の転換点を地図に探り、血塗られたエピソードを発掘する！

1127
軍国日本と『孫子』
湯浅邦弘
日本の軍国化が進む中、精神的実践的支柱として利用された『孫子』。なぜ日本は下策とされる長期消耗戦を辿り、敗戦に至ったか？　中国古典に秘められた近代史！

1132
大東亜戦争　敗北の本質
杉之尾宜生
なぜ日本は戦争に敗れたのか。情報・対情報・兵站の軽視、戦略や科学的思考の欠如、組織の制度疲労――多くの敗因を検討し、その奥に潜む失敗の本質を暴き出す。

1161
皇室一五〇年史
浅見雅男
岩井克己
歴代天皇を悩ませていたのは何だったのか。皇位継承、宮家消滅、結婚トラブル、財政問題――様々な確執やスキャンダルを交え、近現代の皇室の真の姿を描き出す。

1210
日本震災史
――復旧から復興への歩み
北原糸子
度重なる震災は日本社会をいかに作り替えてきたのか。有史以来、明治までの震災の復旧・復興の事例に焦点を当て、史料からこの国の災害対策の歩みを明らかにする。

734
寺社勢力の中世
――無縁・有縁・移民
伊藤正敏
最先端の技術、軍事力、経済力を持ちながら、同時に、国家の論理、有縁の絆を断ち切る中世の「無縁」所。第一次史料を駆使し、中世日本を生々しく再現する。

618
百姓から見た戦国大名
黒田基樹
生存のために武器を持つ百姓。領内の安定に配慮する大名。乱世に生きた武将と庶民のパワーバランスとは――。戦国時代の権力構造と社会システムをとらえなおす。

1093
織田信長
神田千里
信長は「革命児」だったのか？　近世へ向けて価値観が大転換した戦国時代、伝統的権威と協調し諸大名や世間の評判にも敏感だった武将の像を、史実から描き出す。

1198
天文学者たちの江戸時代
――暦・宇宙観の大転換
嘉数次人
日本独自の暦を初めて作った渋川春海を嚆矢とする「江戸の天文学者」たち。先行する海外の知と格闘し、暦・宇宙の研究に情熱を燃やした彼らの思索をたどる。

1219
江戸の都市力
――地形と経済で読みとく
鈴木浩三
天下普請、参勤交代、水運網整備、地理的利点、統治システム、所得の再分配……地形と経済の観点を中心として、未曾有の大都市に発展した江戸の秘密を探る！

1144
地図から読む江戸時代
上杉和央
空間をどう認識するかは時代によって異なる。その違いを象徴するのが「地図」だ。古地図を読み解き、日本の形を作った時代精神を探る歴史地理学の書。図版資料満載。

692
江戸の教育力
高橋敏
江戸の教育は社会に出て困らないための、「一人前」になるための教育だった！　文字教育と非文字教育が一体化した寺子屋教育の実像を第一人者が掘り起こす。

ちくま新書

713
縄文の思考
小林達雄
土器や土偶のデザイン、環状列石などの記念物は、縄文人の豊かな精神世界を語って余りある。著者自身の半世紀近い実証研究にもとづく、縄文考古学の到達点。

791
日本の深層文化
森浩一
稲と並ぶ隠れた主要穀物の「粟」。田とは異なる豊かさを提供してくれる各地の「野」。大きな魚としてのクジラ。――史料と遺跡で日本文化の豊穣な世界を探る。

859
倭人伝を読みなおす
森浩一
開けた都市、文字の使用、大陸の情勢に機敏に反応する外交。――古代史の一級資料「倭人伝」を正確に読みとき、当時の活気あふれる倭の姿を浮き彫りにする。

1207
古墳の古代史
――東アジアのなかの日本
森下章司
社会変化の「渦」の中から支配者が出現した、古墳時代の中国・朝鮮・倭。一体何が起こったのか。日本と他地域の共通点と、明白な違いとは。最新考古学から考える。

895
伊勢神宮の謎を解く
――アマテラスと天皇の「発明」
武澤秀一
伊勢神宮をめぐる最大の謎は、誕生にいたる壮大なプロセスにある。そこにはなぜ、二つの御神体が共存するのか？神社の起源にまで立ち返りあざやかに解き明かす。

601
法隆寺の謎を解く
武澤秀一
世界最古の木造建築物として有名な法隆寺は、創建・再建の動機を始め多くの謎に包まれている。その構造から古代史を読みとく、空間の出来事による「日本」発見。

1247
建築から見た日本古代史
武澤秀一
飛鳥寺、四天王寺、伊勢神宮などの古代建築群を手がかりに日本誕生に至る古代史を一望する。仏教公伝、皇祖神創造、生前退位は如何に三次元的に表現されたのか？